Serie Bianca Feltrinelli

MATTEO RENZI
AVANTI
PERCHÉ L'ITALIA NON SI FERMA

© Giangiacomo Feltrinelli Editore Milano
Prima edizione in "Serie Bianca" luglio 2017

Stampa Grafica Veneta S.p.A. di Trebaseleghe - PD

ISBN 978-88-07-17313-4

www.feltrinellieditore.it
Libri in uscita, interviste, reading,
commenti e percorsi di lettura.
Aggiornamenti quotidiani

Avanti

*A chi mi ha permesso
di non mollare*

Nella politica come in tutto il resto della vita, per chi non è un balordo, contano quei due principi lì: non farsi mai troppe illusioni e non smettere di credere che ogni cosa che fai potrà servire.

ITALO CALVINO

Una storia strana

> Non è vero che le persone smettono di inseguire i sogni perché invecchiano, diventano vecchie perché smettono di inseguire i sogni.
>
> GABRIEL GARCÍA MÁRQUEZ

Diciamolo subito: questa storia è strana. È la storia di un gruppo di sindaci, amministratori locali e giovani professionisti che nel 2014, in un momento drammatico della vita economica del paese, prende il potere e si insedia a Palazzo Chigi.

Gli esperti del politicamente corretto direbbero che non si deve usare la parola "potere", soprattutto al quinto rigo di un libro. I consulenti della comunicazione esprimerebbero i loro dubbi: la parola "potere" è tabù, non va usata, meno che mai scritta. Devi apparire diverso da come ti descrivono, devi cambiare la tua narrazione.

In realtà qui l'unica cosa da cambiare è il significato del termine: perché per me "potere" non è un sostantivo. "Potere" è un verbo. Uno dei verbi più belli. La politica ha il potere, sì. Il potere di cambiare le cose. Può rimettere in gioco l'Italia, può sbloccare ciò che è fermo da anni, può offrire un'opportunità a chi ha voglia di provarci.

Questo è il potere: non la scrivania di un palazzo romano, ma la sensazione per chi vive in questo paese che non tutto sia già scritto, che non tutto sia palude, che non tutto sia finito. L'idea che, con la nostra fatica e il nostro impegno, i nostri figli potranno stare meglio.

Nel 2014, dunque, ci mettiamo all'opera e riempiamo il dibattito pubblico di tutta la nostra energia. Dalle tasse ai diritti, dal lavoro alla cultura, dal cantiere istituzionale alle sfide europee: una ventata di novità investe la gerontocratica politica nazionale. Compiamo anche degli errori, come è ovvio. E quando perdiamo il referendum costituzionale – che avrebbe consentito all'Italia una quanto mai necessaria semplificazione istituzionale – ce ne assumiamo le responsabilità. Io mi dimetto da tutto e me ne vado a casa.

E qui accade qualcosa che ancora mi fa venire i brividi a pensarci: migliaia e migliaia di persone mi scrivono, mi chiamano, mi fermano per strada o al supermercato, in bicicletta o in seggiovia e mi chiedono di ripartire. Perché puoi mollare una poltrona, ma non puoi mollare un popolo. Ti puoi dimettere da premier, non ti puoi dimettere da cittadino.

Si riparte da zero. Trolley, camicia bianca, spazzolino e un quadernetto per gli appunti: anche se ripongo grande fiducia nella tecnologia, appartengo ancora a quella generazione per la quale non c'è niente come una penna e un foglio per fissare le idee. È un viaggio silenzioso, quasi sempre senza telecamere, in quell'Italia che dall'elicottero di Palazzo Chigi hai visto solo in lontananza.

Non puoi decidere da solo di andartene. Ma non puoi neanche decidere da solo di tornare. La parola definitiva spetta alla tua gente, al tuo popolo. Noi siamo fatti così: anche in tempi di blog e di algoritmi pensiamo che niente possa sostituire la democrazia. All'interno e fuori. E allora arrivano le primarie, di nuovo. Tutti si aspettano un flop dell'affluenza, e invece migliaia e migliaia di persone si mettono in coda e ti affidano con il loro voto la speranza di ricominciare. Ti obbligano ad andare avanti.

Avanti contro i profeti dell'immobilismo, contro i custodi della palude, contro i garanti della rendita. Avanti contro quelli che amano il potere come sostantivo ma non come verbo. Avanti contro chi vuole bloccare l'Italia.

Avanti su proposte concrete, con parole chiare, comprensibili a tutti, usando il linguaggio della vita di tutti i giorni: lavoro, casa, mamme. Dall'assegno universale per i figli alla diversa tassazione del lavoro per i giovani e per il Sud con l'obiettivo di far emergere il sommerso e attrarre nuove imprese, dallo sblocco dei cantieri alla questione ambientale, le soluzioni da proporre sono tante. Comprendono anche temi storicamente delicati per una forza di centrosinistra. Così, difendo con vigore il provvedimento sulla cittadinanza a chi è nato in Italia e abbia sostenuto almeno un ciclo di studi nel nostro paese e contemporaneamente denuncio che l'Accordo di Dublino sulla prima accoglienza dei migranti è un tragico errore per il nostro paese: senza il numero chiuso per le migrazioni, e un gigantesco investimento culturale, regaleremo il paese agli xenofobi. Chiedere regole più efficaci sull'immigrazione non è di destra: è solo buon senso.

Questa storia è doppiamente strana perché non è ancora finita. Anzi. Ha molte pagine bianche tutte da scrivere.
Siamo nel *già e non ancora* dell'innovazione politica italiana. Nulla potrà tornare come prima perché la forza dirompente, nel metodo e nel merito, di questi anni non si può cancellare in una restaurazione istantanea. Ma molto, quasi tutto, è ancora da cambiare per restituire a questo paese una leadership europea.
L'Europa è stata il luogo delle battaglie più accese del nostro governo.
Nel corso della loro storia gli europei hanno inventato la democrazia, la repubblica, il Rinascimento, lo stato-nazione, il concetto di cittadinanza e i diritti

dell'uomo. Saremo pur capaci di trovare una formula per permettere ai nostri paesi di continuare ad approfondire il percorso di unione che ci ha consentito di avere settant'anni di pace, no? Per farlo, però, dovremo uscire dalla logica da regolamento di condominio che ha dominato gli ultimi anni e tornare a parlare dei valori fondamentali che ci legano.

L'Italia è decisiva in questa sfida. Ma deve tornare a giocare un ruolo da protagonista, non limitarsi a presentare l'Europa come la maestrina antipatica che fa le prediche tre volte all'anno su quello che si deve fare e quello che non si deve fare. Tra tutte le frasi fatte della politica italiana, quella che vorrei cancellare immediatamente con un clic è: "Ce lo chiede l'Europa!".

L'Europa non è qualcosa di diverso da noi. L'Europa siamo noi. E se non cominciamo – come italiani – a chiarire che cosa *noi* chiediamo all'Europa, lasceremo ogni iniziativa in mano agli altri paesi, finendo per essere spettatori paganti di uno spettacolo altrui.

Dunque che cos'è questo libro? Non è un diario, perché tanti aneddoti e curiosità non vi trovano spazio. Non è nemmeno un saggio sulle prospettive della sinistra del mondo, o un programma di governo. Non è la sceneggiatura di un racconto collettivo.

Più semplicemente, è il desiderio di condividere riflessioni, emozioni e speranze che sono, giocoforza, sacrificate sull'altare della comunicazione quotidiana. Oggi il verbo "condividere" va di moda. Condividiamo post in rete, condividiamo auto nelle città, condividiamo case in vacanza. Mi sono accorto che spesso non sono riuscito a condividere le emozioni, intrappolato in un racconto mediatico di me nel quale io stesso faccio fatica a riconoscermi. Quando leggo sui giornali i resoconti delle mie giornate mi sento un estraneo perfino a me stesso. So di non essere così. So che sono altro, sono altrove.

Provo a raccontarmi dunque in modo meno superficiale, più profondo, riflettuto. Anche se questo porta a mostrare qualche cicatrice o qualche dubbio in più di quelli che solitamente esprimo nelle trasmissioni televisive o nei comizi. Provo a mostrare come la politica sia un'esperienza da far tremare i polsi ma doverosa e affascinante, la vera alternativa al becero populismo che talvolta ci circonda. E provo a ricordare innanzitutto a me stesso che non ci sono soluzioni semplici a questioni difficili: umanamente considero la semplicità uno dei valori più grandi e belli della vita. Ma detesto le semplificazioni e il semplicismo.

Questo libro vuole rendere ragione dell'impegno e della speranza, è un viaggio tra passato e futuro. Tra i mille giorni di un governo che ha fatto moltissimo, forse persino troppo, e i progetti per riscattare l'Italia e non abbandonarla ai soliti noti.

Vi porto con me in questo viaggio appassionante, cominciando dalla fine. Cominciando dagli ultimi giorni a Palazzo Chigi.

1.

Ieri

> Chi dice la verità prima o poi viene scoperto.
>
> Oscar Wilde

7 dicembre 2016, un freddo pomeriggio a Palazzo Chigi. La legge di bilancio è approvata in via definitiva. Alzo la cornetta e chiedo: "Scusi, potrei avere dello scotch?".
Dall'altra parte del telefono percepisco chiaramente lo stupore, una leggera inquietudine. Mi immagino i collaboratori sussurrare preoccupati: "Che fa adesso? Si butta sull'alcol?".
Ragioni per brindare ce ne sarebbero, eccome. La legge di bilancio appena approvata contiene misure che abbiamo inseguito per tre anni: più soldi per la Sanità, il piano Industria 4.0, l'anticipo pensionistico per superare i vincoli della legge Fornero, i fondi per un progetto organico su povertà e periferie, i Piani di risparmio individuali a lungo termine, la rottamazione delle cartelle esattoriali, i primi interventi sul diritto allo studio universitario. E c'è un governo che per tre anni di fila abbassa le tasse, record storico soprattutto per la sinistra. Insomma, ora che finalmente la legge è stata approvata potremmo levare i calici. Ma non ho voglia di brindare.
Perché non ho niente da festeggiare. Lo scotch che chiedo non è il superalcolico. È proprio lo scotch, quel-

lo marrone, grosso. Quello che mi serve per fare gli scatoloni: abbiamo perso il referendum, e una volta approvata la legge di bilancio, semplicemente, me ne torno a casa.

Un vecchio adagio della politica dice che le dimissioni in Italia si devono solo minacciare, non rassegnare per davvero. Non a caso, a distanza di qualche ora dal referendum il Senato mi rinnova la fiducia con il massimo di voti del mio mandato. Ma nella mia scala di valori il dissenso popolare prevale sul consenso parlamentare. E dunque, in silenzio, da solo, mi metto a svuotare i cassetti, ripulire gli armadi, impacchettare i ricordi. Le scatole sono pronte ad accogliere mille giorni di battaglie. E, come sempre accade a chiunque faccia gli scatoloni, in qualsiasi ufficio ciò avvenga, insieme agli oggetti rispuntano emozioni tenute a lungo da parte.

L'appunto per il discorso dopo il Bataclan. La lettera del ragazzo disoccupato che hai tenuto sul comodino per oltre due anni, per ricordarti sempre e comunque la vera priorità. Il foglietto sulle polemiche e sui dati di Expo. Il libro di Kennedy in versione originale che ti ha regalato Obama. Il rosario donato dal papa durante la prima visita privata con la famiglia. E poi i libri, tanti libri, alcuni comprati e nemmeno aperti. Del resto, come scrive Nick Hornby, uno dei miei autori preferiti, "i veri colti sono in grado di possedere migliaia di libri non letti senza perdere l'aplomb, né il desiderio di possederne altri".

Si fa notte a Palazzo Chigi. Inutile negarlo: il groppo ti sale alla gola. Hai sempre detto che la politica è servizio. E soprattutto sai che i veri drammi della vita sono altri. Può capitare di perdere una partita, no?

Ma sono pensieri che lasciano il tempo che trovano. Perché alla fine la sensazione è strana. Fa male andarsene, ovvio. Ma sai che non è questo il problema: a un certo punto è fisiologico fermarsi, in particolar modo dopo mille giorni vissuti con il piede sempre pigiato sull'acceleratore. Non fanno male semplicemente le dimissioni. Fa male quell'inspiegabile senso di colpa che non riesci a scacciare. Intendiamoci: non posso certo dire di essermi risparmiato. Ho investito tutta la mia energia, ho tirato come un matto per l'intera campagna elettorale, con piazze e teatri pieni, con un risultato di oltre tredici milioni di voti a favore, che è una cifra di consenso impressionante. Soprattutto perché eravamo soli contro tutti. Tutti contro. Da Berlusconi a D'Alema, dalla Lega ai 5 Stelle, tutti insieme appassionatamente, non per difendere il bicameralismo e i poteri delle Regioni, ma contro il tentativo di cambiare. Perché tutti avevano sempre sostenuto il merito della riforma. Solo che, se fosse passata, sarebbe stato un nostro successo. E allora hanno preferito fare una campagna per bloccarmi, anche a costo di bloccare il paese.

Il fatto è che mi sento in colpa verso il mio paese, verso l'Italia. L'occasione di cambiare le regole del gioco non tornerà per anni, forse per generazioni. Quel sì serviva all'Italia, non a me.

Avevamo costruito con tenacia una riforma che avrebbe consentito di superare il ping-pong tra Camera e Senato, di ridurre la burocrazia statale e regionale, di restituire chiarezza di ruoli alle diverse istituzioni. Niente, tutto se ne va in fumo, distrutto da una grande alleanza composta da pezzi di Pd, l'intero centrodestra e il Movimento 5 Stelle. Nelle ore successive al verdetto popolare, importanti aziende italiane finiscono nel mirino della concorrenza, specie francese. Grandi gruppi che avevano programmato di investire in Italia in operazioni a difesa del sistema-paese si ritirano. La nostra credibilità internazionale sembra più debole dopo tre anni vissuti giocando all'attacco: chi può ne approfitta. Ma soprattutto: sembra ritornare la Prima repubblica. Sognavo la democrazia americana, ritorna la Democrazia cristiana. E senza la qualità dei democristiani d'un tempo.

Mentre faccio gli scatoloni mi rimbomba nella testa il concetto ribadito come un mantra negli ultimi mesi: "Matteo, hai sbagliato a personalizzare".

Ho senz'altro sbagliato in molti passaggi della campagna. Ma, paradossalmente, la personalizzazione non mi sembra l'errore più grave, anzi. La personalizzazione incentrata su di me non nasce dal sottoscritto, ma dagli avversari. I quali, semplicemente, non sopportavano che finalmente qualcuno facesse qualcosa. Io ho solo detto che un governo nato per fare le riforme deve fare le riforme. Se quelle costituzionali falliscono, è dovere di chi guida quel governo prenderne atto. Capisco che nella politica italiana la parola "dimissioni" faccia spavento, che sia un tabù. Ma quella che gli altri chiamano personalizzazione per me è etica della responsabilità.

No, non è l'impegno a dimettermi in caso di sconfitta il mio errore più grande. Anzi: lo rivendico come cifra di uno stile diverso di fare politica. Noi non siamo come quelli che quando perdono indossano una strepitosa faccia di bronzo e vanno in tv a dire che hanno "non vinto". Noi non siamo quelli che fanno finta di nulla. Noi siamo quelli che si prendono le proprie responsabilità fino in fondo, vento in faccia e a viso aperto. Verrà prima o poi un giorno in cui emergeranno le responsabilità di chi ha preferito far cadere il governo per mere esigenze di posizionamento politico a scapito della possibilità di dare un orizzonte di stabilità al paese. Il ritorno della palude, delle polemiche, della paralisi che ha caratterizzato il dibattito istituzionale del primo semestre del 2017 è figlio di questa scelta.

Il mio vero errore è stato non leggere in tempo la politicizzazione del referendum. Tra la primavera e l'estate del 2016 accade infatti qualcosa che rivoluziona i sondaggi – fino a quel momento fermi sul 60% per il Sì – e che va oltre il merito del quesito referendario, trasformando la consultazione in un voto politico. È come se improvvisamente il referendum smettesse di riguardare il numero dei senatori o il futuro del Cnel e diventasse un voto politico tout court. La riforma viene presentata come un monstrum giuridico, come un attentato alla democrazia, come una limitazione della libertà degli elettori. E nessuno dei partiti della minoranza decide di darci una mano, preferendo la possibilità della spallata al governo alla prospettiva di semplificare le istituzioni.

Io non comprendo subito questo passaggio, e per un politico non saper leggere fenomeni del genere è molto grave: è giusto che ne sconti la responsabilità dimettendosi. Pecco di superficialità quando immagino che, arrivati al dunque, la possibilità di far fare all'Italia un passo in avanti sarà più forte di tutti i distinguo o del giudizio su di me o sul mio governo. La realtà si incarica di smentirmi. Il voto del 4 dicembre è un voto fortemente politico, e avere tutti i partiti contro comporta un risultato eclatante. E io che ero così convinto che gli italiani avrebbero deciso guardando al merito! Mi sbagliavo.

Aver preso in questa situazione il 41% in beata solitudine – risultato disastroso ai fini del referendum e decisamente inferiore alle mie aspettative – consegna però un dato curioso: se si sovrappone il risultato del voto referendario a quello delle ultime elezioni europee nelle singole province, si scopre che sostanzialmente c'è una perfetta corrispondenza tra chi ha votato Sì e chi nel 2014 aveva votato per noi. Ma quello che rappresenta un trionfo in una consultazione proporzionale, in un referendum è una débâcle. E la consapevolezza di rappresentare un popolo forte e radicato, il popolo del 41%, non è sufficiente per farmi restare al mio posto.

"Non dimetterti, lascia passare del tempo, la gente dimentica facilmente," sussurrano amici sinceri e avversari interessati. "Passerà la nottata, e fra tre mesi il referendum sarà solo un ricordo, ma tu sarai qui a

Palazzo Chigi." E c'è qualche alleato di governo che per mantenere la propria poltrona sacrifica anche i rapporti personali, come se l'amicizia dipendesse solo dall'incarico ricoperto.

Anche il primo messaggio che ricevo appena usciti gli exit poll, quello di Angela Merkel, guarda in direzione della stabilità. La cancelliera non sa che in quel preciso momento sto già limando il testo della dichiarazione che leggerò agli italiani, con mia moglie Agnese al fianco. Mentre sono intento a sistemare scatole, mi annunciano la chiamata del presidente Obama: "Rifletti bene prima di dimetterti, Matteo". Dimettersi per un referendum istituzionale con il voto di fiducia incassato dal parlamento e con una importante legge di bilancio già approvata può sembrare un nonsenso per chi non conosce nel dettaglio gli ingranaggi della politica italiana e quindi non può apprezzare il valore straordinario di mantenere la parola.

Nella settimana della sconfitta vedo tre volte il presidente della Repubblica Sergio Mattarella – l'ultima in modo riservato, il sabato sera, a cena, dopo le consultazioni. L'ordinamento italiano prevede un ruolo peculiare per l'inquilino del Colle: quando le cose vanno bene, nei fatti, il presidente svolge un ruolo di garanzia, una sorta di moral suasion molto utile ma poco visibile; quando scatta l'allarme per qualche avaria istituzionale, invece, assume un ruolo di primo piano.

Mattarella è alla sua prima crisi di governo, dopo due anni di mandato. La sua elezione ha costituito un punto di svolta importante nella vita della legislatura: il parlamento nel 2013 si era dimostrato incapace di trovare una soluzione alla scadenza del settennato e tale inconcludenza della politica aveva costretto Giorgio Napolitano ad accettare un secondo mandato, caso inedito nella storia repubblicana. La gestione parlamentare dell'elezione di Mattarella invece ha mostrato una novità rispetto all'epoca dei franchi tiratori, e il largo consenso da lui raccolto – in aula e nel paese – ha oggettivamente rafforzato la credibilità delle istituzioni.

Scegliere Sergio Mattarella per il Quirinale ha provocato però una rottura con Berlusconi e i suoi. Tutto il pacchetto delle riforme era nato da un accordo istituzionale con Forza Italia, che si era impegnata a superare il Senato, impostare una legge elettorale sul modello di quella dei sindaci, ridurre il potere delle Regioni: in un incontro nella sede del Pd, in largo del Nazareno, avevamo concordato questo percorso, poi ribadito in quattro incontri successivi a Palazzo Chigi. Incontri piacevoli, mai polemici, sempre molto chiari e alla luce del sole: abbiamo idee diverse sulla politica, ma si lavora insieme per il cambio delle regole.

Scrivere le regole insieme per me è un dovere civile e morale. Non è un caso se la riforma della legge elettorale denominata Italicum e la riforma costituzionale poi bocciata al referendum hanno visto il pieno apporto di Forza Italia alla redazione del testo e nelle prime votazioni parlamentari. Noi abbiamo sempre cercato di scrivere le regole insieme agli altri. Ci siamo sottoposti a snervanti riunioni pubbliche con i grillini – che con noi facevano lo spettacolino in streaming e poi andavano a decidere a porte chiuse nella sede della Casaleggio & Associati Srl – per coinvolgere anche loro.

Siamo rimasti fedeli a questo metodo anche quando – fallito il referendum – il presidente della Repubblica ha chiesto a tutte le forze politiche uno sforzo di dialogo e di confronto. Scrivere le regole insieme agli altri impone flessibilità e capacità di ascolto. Non puoi fare come ti pare, mai. E questa regola, che abbiamo sempre seguito, continuiamo a ritenerla più vera e necessaria che mai. Non siamo stati noi a tirarci indietro dalle riforme che avevamo scritto insieme all'altra parte politica. E, allo stesso modo, in questo scorcio finale di legislatura, non faremo leggi elettorali a maggioranza contro Berlusconi o contro Grillo.

Dopo la sconfitta del 4 dicembre, alcuni opinionisti mi hanno rinfacciato la rottura del Patto del Nazareno, commentando che, se solo fosse rimasto integro l'accordo istituzionale, il referendum avrebbe avuto un'altra storia. Ci rimugino mentre salgo per l'ultima volta al Colle. La verità mi appare allora molto più forte di ogni considerazione ex post: chi ha partecipato a quei tavoli sa perfettamente che è stata Forza Italia a rompere con noi.

Quando, a fine gennaio del 2015, si tratta di votare per il Quirinale, Berlusconi mi chiede un incontro, che resterà, ma io non posso ancora immaginarlo, l'ultimo per anni. Perché quando si siede – accompagnato da Gianni Letta e Denis Verdini – mi comunica di aver già concordato il nome del nuovo presidente con la minoranza del Pd. Mi spiega infatti di aver ricevuto una telefonata da Massimo D'Alema, di aver parlato a lungo con lui e che io adesso non devo preoccuparmi di niente, perché "la minoranza del Pd sta con noi, te lo garantisco".

Te lo garantisco? Lo stupore colora – o meglio sbianca – il volto di tutti i presenti. Berlusconi ha sempre un modo simpatico di raccontare la realtà. La sua ricostruzione della telefonata con D'Alema è divertente, ma lascia tutti i partecipanti al tavolo senza parole. Non solo non avevamo mai inserito l'elezione del capo dello stato nel Patto del Nazareno, ma l'idea che Berlusconi abbia già fatto una trattativa parallela con la minoranza del mio partito sorprende anche i suoi. In quel momento – sono più o meno le due di pomeriggio del 20 gennaio –, nel salotto del terzo piano di Palazzo Chigi, capisco che il Patto del Nazareno non esiste più: il reciproco affidamento si è rotto.

Non è un problema di nomi: la personalità su cui Berlusconi e D'Alema si sono accordati telefonicamente è di indubbio valore e qualità. Ma è anche difficile da far accettare ai gruppi parlamentari – sempre pronti a esercitare l'arte del franco tiratore – e all'opinione pubblica. E poi c'è un fatto di metodo, prima ancora che di merito. Io ho scelto un percorso trasparente e partecipato, con tanto di streaming, dentro il Pd e davanti al paese per evitare di tornare allo stallo del 2013. Sono impegnato in un iter parlamentare difficilissimo per condurre una maggioranza su un nome condiviso. E in una sala ovattata al terzo piano di Palazzo Chigi devo scoprire che si è già chiuso un accordo tra Berlusconi e D'Alema, prendere o lasciare? E, come se non bastasse, da questo prendere o lasciare dipende la scelta se continuare o meno con il percorso di riforme, che pure erano state scritte insieme.

Non ho mai capito perché Berlusconi nutrisse dubbi su Mattarella. Le sue qualità parlavano per lui: professore di diritto; giudice costituzionale serio e rispettato; ministro per i Rapporti con il parlamento, della Pubblica istruzione, della Difesa; uomo di rigore e legalità nella Dc siciliana e nazionale; parlamentare di comprovata esperienza. Forse la ruggine per le dimissioni di Mattarella dal governo Andreotti venticinque anni prima contro la legge voluta da Craxi sulle tv, la famosa legge Mammì, ostacolava ancora il Cavaliere. Fatto sta che, quando mi trovo a dover scegliere tra l'asse Berlusconi-D'Alema (non ricordo un solo accordo Berlusconi-D'Alema che alla fine sia stato utile per il paese) e la soluzione più logica per il parlamento e per l'Italia, non ho dubbi, con buona pace di tutti i retroscenisti. Del resto, come canterà Vasco Rossi qualche mese dopo: "Essere liberi costa soltanto qualche rimpianto".

Da quel momento Berlusconi mi dichiara guerra, vanificando l'approccio condiviso alle riforme che fino ad allora era stato strettissimo. Già, perché le riforme istituzionali le abbiamo votate insieme, specie nelle prime letture, e molti dei campioni della campagna per il No al referendum in realtà avevano votato

Sì in parlamento. Questo dovrebbe far riflettere a lungo sulla natura politica del voto referendario.
Il mio rapporto con il Cavaliere è peculiare. Sono tra i pochi della sinistra che non ha mai voluto fargli la guerra sulle sue vicende giudiziarie. Ho sempre spronato i miei compagni di partito a portare avanti una proposta per l'Italia, non contro Berlusconi. Quando era premier ho fatto di tutto, nella mia veste di sindaco, per lavorarci insieme a livello istituzionale. Dopo lo strappo sull'elezione del presidente della Repubblica, i nostri rapporti si interrompono. Quando però, nel giugno del 2016, Berlusconi si sente male e viene ricoverato, lo chiamo per sincerarmi delle sue condizioni di salute. E, come sempre, il Cavaliere è simpatico e gentilissimo: "Caro Matteo, grazie per avermi chiamato, non dovevi disturbarti, sto bene". Sono i giorni successivi al primo turno delle amministrative di Roma. Intervenendo a Ostia alla chiusura della campagna elettorale per Marchini, sfidante di Virginia Raggi e Roberto Giachetti, Berlusconi non aveva esitato a chiedere un voto per evitare di sfociare nella pericolosa "dittatura" del sottoscritto, parlando di "regime", di "democrazia sospesa", del "signor Renzi che occupa militarmente ovunque qualsiasi cosa", di "bulimia smisurata di potere". Un intervento pacato e sobrio, insomma. Durante la telefonata io ovviamente evito di parlare della mia "deriva autoritaria" e rimango sul piano strettamente personale, augurandogli pronta guarigione. Il finale di Berlusconi è un vero colpo da maestro, ko tecnico alla prima ripresa: "E poi, caro Matteo, sappi che mi dispiace molto per quanto ti stanno attaccando, ce l'hanno tutti con te". Ma come? Lo stesso che pubblicamente mi dà dell'aspirante dittatore a distanza di due giorni mi porta la sua solidarietà per gli attacchi? Mentre pigio il tasto rosso che mette fine alla telefonata, scoppio in una risata: è inutile, anche se mi sforzassi, Berlusconi non mi starà mai antipatico. Sul Quirinale però non po-

tevo consentire né a lui né a D'Alema di sostituirsi al parlamento e decidere per tutti. La simpatia è una cosa, la politica è un'altra.

Quell'ultima sera, lascio il Quirinale da un'uscita secondaria perché i giornalisti non si accorgano di niente: nessuno mi ha visto entrare. Mi stendo in auto e dormo, mentre nella notte raggiungiamo la Toscana. Quando entro in casa, cercando di non svegliare nessuno, mi viene voglia di accendere il portatile e aprire il cuore, su Facebook.

Torno a Pontassieve, come tutti i fine settimana. Entro in casa, dormono tutti. Il gesto dolce e automatico di rimboccare le coperte ai figli, un'occhiata alla posta cartacea arrivata in settimana tanto ormai con internet sono solo bollette, il silenzio della famiglia che riposa.
Tutto come sempre, insomma.
Solo che stavolta è diverso.
Con me arrivano scatoloni, libri, vestiti, appunti.
Ho chiuso l'alloggio del terzo piano di Palazzo Chigi.
Torno a casa davvero.
Sono stati mille giorni di governo fantastici. Qualche commentatore maramaldo di queste ore finge di non vedere l'elenco impressionante delle riforme che abbiamo realizzato, dal lavoro ai diritti, dal sociale alle tasse, dall'innovazione alle infrastrutture, dalla cultura alla giustizia. Certo c'è l'amaro in bocca per ciò che non ha funzionato. E soprattutto tanta delusione per la riforma costituzionale. Un giorno sarà chiaro che quella riforma serviva all'Italia, non al governo e che non c'era nessuna deriva autoritaria ma solo l'occasione per risparmiare tempo e denaro evitando conflitti istituzionali.
Ma quando il popolo parla, punto. Si ascolta e si prende atto.
Gli italiani hanno deciso, viva l'Italia.
Io però mi sono dimesso. Sul serio. Non per finta. Lo avevo detto, l'ho fatto. Di solito si lascia Palazzo Chigi perché il parlamento ti toglie la fiducia. Noi no. Noi abbiamo ottenuto l'ultima fiducia mercoledì, con oltre 170 voti al Senato. Ma la dignità, la coerenza, la faccia valgono più di tutto. In un paese in cui le dimissioni si annunciano, io le ho date. Ho mantenuto l'impegno, come per gli 80 euro o per l'Imu. Solo che stavolta mi è piaciuto meno :-)
Torno semplice cittadino. Non ho paracadute. Non ho un

seggio parlamentare, non ho uno stipendio, non ho un vitalizio, non ho l'immunità.
Riparto da capo, come è giusto che sia. La politica per me è servire il paese, non servirsene.
A chi verrà a Chigi dopo di me, lascio il mio più grande augurio di buon lavoro e tutto il mio tifo: noi siamo per l'Italia, non contro gli altri.
Nei prossimi giorni sarò impegnato in dure trattative coi miei figli per strappare l'utilizzo non esclusivo della taverna di casa: più complicato di gestire la maggioranza.
Ho sofferto a chiudere gli scatoloni ieri notte, non me ne vergogno: non sono un robot. Ma so anche che l'esperienza scout ti insegna che non si arriva se non per ripartire. E che è nei momenti in cui la strada è più dura che si vedono gli amici veri, l'affetto sincero. Grazie a chi si è fatto vivo, è stato importante per me.
Ai milioni di italiani che vogliono un futuro di idee e speranze per il nostro paese dico che non ci stancheremo di riprovare e ripartire. Ci sono migliaia di luci che brillano nella notte italiana. Proveremo di nuovo a riunirle. Facendo tesoro degli errori che abbiamo fatto ma senza smettere di rischiare: solo chi cambia aiuta un paese bello e difficile come l'Italia.
Noi siamo quelli che ci provano davvero. Che quando perdono non danno la colpa agli altri. Che pensano che odiare sia meno utile di costruire. E che quando la sera rimboccano le coperte ai figli pensano che sì, ne valeva la pena. Sì, ne varrà la pena. Insieme.
Ci sentiamo presto, amici.
Buona notte, da Pontassieve.

Il messaggio, scritto di getto, diventa virale su Facebook. Dimostrazione evidente che nessuna tattica mediatica funziona quanto essere te stesso e aprirti veramente per quello che sei. I commenti invadono i social, il telefono, persino la cassetta della posta, come una volta. Mi chiama un amico caro, come Oscar Farinetti: "Tu hai questa capacità di stare antipatico a tutti quando vinci. Ma quando perdi sei il numero uno, come dopo le primarie di Bersani. È meraviglioso perdere, no? Dovresti perdere più spesso". La mia risposta non è il massimo dell'eleganza. Ma incasso il senso del ragionamento di Oscar, ci rifletto, prendo e porto a casa.

In una settimana tutto si compie. La scelta della successione cade sul ministro degli Esteri Paolo Gentiloni. Il 2017, del resto, è l'anno delle grandi celebrazioni dei trattati di Roma, della presidenza G7, della presenza nel Consiglio di sicurezza dell'Onu. E Gentiloni ha guidato la Farnesina con equilibrio e saggezza, la stessa che ha sempre dispensato negli anni della Margherita e dei faticosi inizi del Pd.

Pur essendo apprezzato da molti, Paolo Gentiloni era stato estromesso dalle liste da Bersani nel 2013. Mi ero dunque impegnato a inserirlo in quota "Giglio magico" nell'elenco dei dodici parlamentari recuperati tra i centotrenta che Bersani aveva inserito senza fare le primarie. A fronte del 40% di voti mi era stato concesso il 10% di posti sicuri. E avevo pensato che uno con l'esperienza e la saggezza di Gentiloni potesse essere utile al paese. Anche quando si era trattato di scegliere il ministro degli Esteri dopo la "promozione" di Federica Mogherini, la decisione di puntare su Gentiloni per la Farnesina era stata accolta senza particolari entusiasmi dalla ristretta cerchia degli addetti ai lavori. Ma la qualità, lo stile, il buon lavoro del neoministro alla fine avevano messo d'accordo tutti.

Lascio al nuovo premier il bene più prezioso: tanti progetti, perché se c'è un difetto che ha caratterizzato gli ultimi periodi della politica italiana è stato la mancanza di progettualità. Il progetto Periferie al quale abbiamo lavorato per due anni, i decreti legislativi attuativi delle riforme concluse, il sogno concreto di Italia digitale, il piano Industria 4.0, la sfida di Casa Italia, i dossier per gli appuntamenti internazionali sull'Europa: l'eredità che lasciamo al nuovo governo è innanzitutto fatta di queste visioni ambiziose, pluriennali, non di spot una tantum. Ed è per questo che ho consegnato a Gentiloni la felpa di

Amatrice, simbolo di un terremoto devastante e della voglia di rinascita della comunità.

Penso che l'Italia debba tornare a progettare con calma e ad avere una visione di lungo periodo. Che debba uscire dall'ossessione del dossier buono per la conferenza stampa, per il comunicato ai media, per il post su Facebook. Dobbiamo pensare a progetti buoni per il post nel senso del dopo. Per coloro che verranno dopo di noi, insomma. Altrimenti la politica rimane schiacciata in un presentismo senza speranza, in un presente continuo che impedisce l'orizzonte, la visione.

Se immagino un elemento chiaro di diversità tra noi e i nostri competitors nella prossima campagna elettorale vedo proprio questo: noi abbiamo un orizzonte, una visione, una direzione per l'Italia. Magari non tutti saranno d'accordo e sicuramente non saranno d'accordo su tutto. Ma nessuno può negare che noi abbiamo un'idea di futuro. Ne riparleremo.

Quando diciamo "avanti" non è un'esortazione, ma un progetto. Politico, con la P maiuscola. E questa è una differenza che dovremo mostrare sempre di più, dico tra me e me. Perché non l'abbiamo chiarita bene questa siderale distanza con chi, dalla mattina quando si alza alla sera quando va a dormire, dice solo no. Dice che non va bene. Dice che siamo schiavi delle lobby. Dice che siamo pericolosi. Ma non dice una parola su dove vuole portare l'Italia.

Il governo che Gentiloni forma è un governo molto simile a quello in cui abbiamo lavorato insieme. Qualcuno apre una polemica: troppo simile. È una scelta che fa il nuovo presidente, per parte mia posso solo dire che evidentemente non eravamo così male. Io dichiaro subito che sono pronto a sostenere anche un governo totalmente rinnovato. Purché appunto sia *totalmente* rinnovato: nel senso che non si eliminino solo quelli più vicini a me. Già, perché si critica il fatto che non ci siano epurazioni tra i renziani di stretta

osservanza. "Ma come? Nella squadra restano Boschi, Lotti, Delrio, De Vincenti e Sensi? Quelli dei pranzi di lavoro a Palazzo Chigi, quelli del nucleo stretto, quelli che hanno condiviso le maggiori responsabilità dei mille giorni?"
È tipico dei leader politici dell'Italia del passato offrire un capro espiatorio. Hai perso una battaglia? Ok, fai saltare un tuo collaboratore e la paura se ne va. Hai subìto una sconfitta? Trova un colpevole credibile e buttagli addosso la colpa. Per me questo modo di fare è semplicemente indecente. È il tradizionale approccio da scaricabarile che rende la politica italiana diversa da quella di altri paesi: nessuno che si prenda mai una benedetta responsabilità. Uno perde una battaglia cruciale e per scardinarlo dalla poltrona ci vuole la fiamma ossidrica.
Un leader è tale se si assume le proprie responsabilità. E se difende i suoi, non se li scarica alla prima difficoltà. Per il risultato referendario pago io. E pago per tutti, niente storie. L'idea che la leadership consista nel sacrificare quelli della tua squadra al Moloch dell'autoreferenzialità degli addetti ai lavori mi sembra meschina e mediocre.
E aggiungo: sono orgoglioso della qualità delle persone che lavorano con me. Ognuna nel proprio settore porta un valore aggiunto, e insieme quelle che compongono la squadra stretta sono delle autentiche forze della natura. Sbagliamo, certo. Come tutti, forse più di tutti, pensando al numero impressionante di iniziative che prendiamo. "Siete come una bella squadra, ma sbagliate troppi passaggi, alcuni facili," mi dice un commentatore di lungo corso della politica romana. Può darsi che abbia ragione, in fin dei conti. Ma sbagliamo qualche passaggio di troppo perché giochiamo all'attacco dopo che per anni altri hanno fatto sempre e solo catenaccio.
La polemica sul Giglio magico, un ristretto gruppo di persone che condividono da anni un lavoro comu-

ne, mi accompagnerà per mesi. E probabilmente mi ha danneggiato nell'immaginario collettivo. Ma io penso che collaboratori di così elevato livello siano molto preziosi. Il nostro problema non è stato la scarsa qualità di chi lavorava con me, tutt'altro, al massimo la scarsa quantità: ce ne fossero stati di più di professionisti del genere, altro che storie.

Non tutti vengono da Firenze, peraltro. Graziano Delrio, già sindaco di Reggio Emilia e presidente di tutti i sindaci italiani, è il fratello maggiore e viene considerato una sorta di padre spirituale del gruppo. Lui e la sua bellissima famiglia sono un punto di riferimento solido nell'azione di governo, anche e soprattutto nei momenti di difficoltà, anche quando litighiamo. Succede. Ma rimane tra noi e quasi mai qualcuno se ne accorge. Scelgo di portare con me Delrio al Quirinale persino nelle ore della formazione dell'esecutivo. E anche quando lui lascerà Palazzo Chigi per assumere la guida del ministero delle Infrastrutture, resterà un elemento chiave.

Senza lo straordinario lavoro parlamentare e di attuazione del programma curato da Maria Elena Boschi, molte riforme, non solo quelle istituzionali, non avrebbero mai trovato realizzazione. Maria Elena aveva iniziato a lavorare con noi quando, giovanissima avvocato che collaborava con il capogruppo del Pd, Francesco Bonifazi – a sua volta oggi punto di riferimento insostituibile nella gestione del partito nazionale ed elemento di raccordo prezioso nelle dinamiche del gruppo –, risolse un problema nell'ambito della cessione a Ferrovie dell'Azienda dei trasporti di Firenze, l'Ataf, operazione che rischiava di saltare per una problematica tecnica di cui i miei uffici non riuscivano a venire a capo: da quel momento ha seguito per noi un numero crescente di dossier, con una competenza e una preparazione che le vengono riconosciute anche dai suoi più duri oppositori.

Senza la tenace determinazione di Luca Lotti molti dossier, dalle infrastrutture allo sport, non sarebbero mai stati affrontati e risolti. Luca entra in squadra appena laureato in Scienze politiche, dopo che nel suo comune, Montelupo Fiorentino, ha polverizzato ogni record di preferenze da consigliere comunale. Si conquista il ruolo sul campo, centimetro dopo centimetro: tanta gavetta, poi capo segreteria, capo di gabinetto, parlamentare, sottosegretario, ministro. Eppure vive tutte le esperienze romane di questi anni con dedizione ma anche senza il trasporto che lo aveva caratterizzato nelle primarie fiorentine: per lui Palazzo Vecchio è un laico "santuario" – lo chiama così – dove ha lasciato un pezzo di cuore.

Completa il Giglio magico un altro non fiorentino quale Filippo Sensi, il mio portavoce, con il quale per mille giorni diventiamo in pratica una coppia di fatto in Italia e all'estero e che svolge un ruolo che va oltre il portavoce divenendo a seconda dei casi il suggeritore, il consigliere del principe, lo sfogatoio, il pacificatore, ma che è un uomo di cultura straordinaria e rara umanità. Non è un caso che queste tre persone siano ancora oggi una delle colonne del governo Gentiloni: evidentemente non erano poi così male.

E che dire della qualità di Tommaso Nannicini, cresciuto anche lui in provincia di Arezzo ma formatosi poi alla Bocconi e nelle migliori università americane, padre del Jobs Act, dell'anticipo pensionistico, di molte tra le principali novità delle leggi di bilancio di questi anni, oltre che punto di riferimento, o di Antonella Manzione che dal dipartimento Affari giuridici ha lavorato con dedizione a tutte le complicate sfide normative di questi anni, contribuendo in alcuni casi a vere e proprie soluzioni innovative tra le quali mi piace ricordare quelle contenute nel decreto legge 90, il cosiddetto decreto Madia, sui poteri dell'Autorità nazionale anticorruzione.

Se invece c'è un'occasione in cui non ho avuto abbastanza coraggio è stata quando mi sono fermato davanti alla prima polemica sul ruolo di Marco Carrai come consigliere per la cybersecurity, settore nel quale la sua professionalità sarebbe stata utile al paese. Marco, che è in assoluto la prima persona con cui ho iniziato l'esperienza politica nella Margherita fiorentina, se la ride e colleziona sentenze di risarcimento danni contro chi lo ha accusato in questi anni di essere dietro a qualsiasi complotto: curioso destino per un giovane che in tutte le assemblee non poteva finire un intervento senza citare Giorgio La Pira o Pierre Teilhard de Chardin.

Il Giglio magico – dicono – è tutto qui. Stiamo parlando di un team molto esiguo, forse persino troppo esiguo. E allora perché questa diatriba sui miei collaboratori? Perché questo odio sistematico contro la nostra squadra? Davvero non abbiamo scelto i migliori?

Vorrei sfidare chiunque a un confronto pubblico sulle nomine che abbiamo fatto, da quelle per la guida delle aziende pubbliche e partecipate – a cominciare da Eni, Enel, Ferrovie, Cassa depositi e prestiti, Poste, Terna, Inps – fino ad arrivare a quelle ministeriali. A chi mi dice: tu hai messo solo i tuoi, un gruppo stretto di conoscenti di Firenze, chiedo umilmente di togliere i paraocchi e riconoscere che abbiamo fatto nomine – discutibili quanto volete – ma ispirate solo da un criterio meritocratico. Ho personalmente scelto professionalità di primo livello facendo direttamente io interviste e colloqui, al termine dei quali alla guida delle aziende sono arrivate persone che magari non avevo mai incontrato prima di quei colloqui. Altro che amici degli amici.

Le nomine di Claudio Descalzi all'Eni o di Francesco Starace all'Enel, avvenute nel 2014 e confermate nel 2017, hanno premiato persone che per decenni hanno dedicato tutte loro stesse alle aziende che adesso dirigono, partendo dal basso e facendo carriera interna, non per via politica ma per qualità personale. E l'assoluta libertà con cui mi sono permesso di fare scelte, anche innovative, a cominciare da alcune donne di grande qualità alla presidenza delle aziende, è testimoniata dai nomi e cognomi delle persone che abbiamo individuato.

Ho cercato sempre di chiamare i migliori, in alcuni casi proponendo loro di fare un servizio civile gratuito per qualche tempo: lavorare gratis per qualche mese o anno per il proprio paese. Il primo ad accettare è stato Andrea Guerra, già amministratore delegato di Luxottica, il cui impegno civico è oggetto di curiosità sui media internazionali: senza la sua insistita ed efficace presenza non avremmo salvato l'Ilva a Taranto e non sarebbe mai partito il piano della banda larga. E inoltre non avremmo mai convinto una persona come Diego Piacentini, uno dei leader di Amazon, il quale, dopo una corte spietata da parte mia, ha lasciato il suo superstipendio per venire gratuitamente a seguire il progetto Italia digitale.

Nessuno di loro è fiorentino, nessuno è toscano. Sono semplicemente quelli che ritengo i migliori, fuori dai giri tradizionali dei consiglieri di stato o della burocrazia romana. Tra i quali ci sono, non lo nego, professionalità di indubbio livello. Ma che talvolta faticano a emergere anche perché il tessuto di intrecci nella vita amministrativa romana fa sì che ogni ufficio abbia un potere di veto sull'altro. E così accade spesso che l'ufficio X non dico blocca, ma magari rallenta la pratica dell'ufficio Y, la registrazione dell'atto Z. Un semplice ritardo, un allungamento dei tempi finché non parte la telefonata all'amico capo di gabinetto. Che saprà come procedere. Previa organizzazione di un pranzo o di una cena su una meravigliosa, immancabile terrazza romana. La burocrazia italiana è un grande condominio dove tutti prima o poi hanno bisogno di qualcosa. E se vuoi accelerare, *oplà*, una telefonata, una cena, un caffè. Tutto perfettamente legittimo, tutto perfettamente borbonico, tutto perfettamente grottesco.

Ho provato a smantellare questo sistema, ma in un paese fondato sui ricorsi al Tar devo prendere atto che abbiamo fatto solo qualche piccolo passo in avanti. Dopo i No Tav in Val di Susa e i No Tap in Puglia, la prossima legislatura sarà segnata dai No Tar a Roma, ne sono convinto: e non è un caso se una delle proposte che presenteremo nella prossima campagna elettorale riguarderà proprio questo settore. La mia rottura con larga parte della classe dirigente della burocrazia centrale nasce da qui. Non sono solito "attovagliarmi" la sera in ristoranti, pure buonissimi. Posso chiedere pareri, ma non devo chiedere piaceri. E questo fa di me e dei miei collaboratori degli alieni.

I fiorentini che arrivano a Palazzo Chigi sono dipinti come i nuovi unni. Parte la caccia mediatica alla "c" aspirata: se sei fiorentino, allora sei per definizione raccomandato o del Giglio magico. Qualcuno riesce a fare polemica perfino contro Carlo Conti, accusandolo non si sa bene di cosa, visto che è un signor professionista che sbanca tutti i record di audience con la stessa strepitosa tenacia con cui venticinque anni prima aveva lasciato un posto di lavoro sicuro per mettersi in gioco nel mondo difficilissimo dello spettacolo. Su qualche quotidiano persino uno come Carlo Conti viene messo nel mirino ma la signorile risposta di Carlo, per gli amici Calimero, è molto semplice: sbanca l'auditel con la sua naturale semplicità e bravura. Il suo Sanremo batte per tre anni ogni record di pubblico: giù il cappello e tutti zitti. Anche perché sostenere che Conti possa essere collegato al Giglio magico significa avere dei problemi di connessione con la realtà: ancora mi ricordo di quando facevo la fila come tanti altri adolescenti fiorentini per andare a vedere gli spettacoli di Carlo, Pieraccioni e Panariello fuori dalla discoteca Manila di Campi Bisenzio. Andavo al liceo quando Conti diventava Conti.

Il punto è che in mille giorni riesco a non mettere piede in un salotto della capitale. E questa cosa non mi viene perdonata. La polemica sul mio entourage troppo chiuso e fiorentino-centrico non è costruita sulla presenza di troppi concittadini nello staff ma dall'assenza, voluta, di rapporti con i salotti romani. Ma la nostra non è una polemica con la capitale: Roma è una città unica che sopravvive da secoli ai peggiori cataclismi, potrà ben sopportare per qualche anno la calata dei fiorentini. Il problema è molto più ampio. Non a caso vado alla Borsa di Milano e teorizzo che il capitalismo di relazione è morto. Il capitalismo di relazione è quello che ha portato alcuni imprenditori a controllare aziende e business partendo da percentuali ridicole, senza investire i propri soldi ma (spesso) quelli della collettività. Viviamo in un paese dove per anni l'economia reale è andata avanti grazie al talento e all'ingegno di imprenditori, manager, lavoratori coraggiosi, ma che ha visto il sistema economico basarsi sulle connessioni tra singole realtà che controllavano banche e gruppi editoriali. Quel mondo lì non è ciò che serve all'Italia. Lo dico chiaro e tondo, lo dico ad alta voce, lo dico nel tempio della finanza.

Ci vorrà una generazione intera per cambiare l'approccio di una parte della classe dirigente dell'economia italiana. È necessario aprirsi alla trasparenza, mandare in soffitta l'idea del "salotto buono" dell'economia italiana, perché l'unico "salotto buono" è quello che viene chiuso. Gli interessi delle aziende non li fanno i singoli azionisti con una buona rete di relazioni, ma i cittadini e i consumatori. Lo hanno capito migliaia di imprenditori coraggiosi che rischiano del loro e si mettono in gioco, lo hanno capito manager di qualità e le realtà sindacali più illuminate. Lo dovrà capire prima o poi anche quella parte dell'informazione che è stata silenziosa e colpevole complice del declino italiano degli anni novanta-duemila.

Già, perché un paese non lo rinnovi cambiando soltanto la classe politica, ma anche e soprattutto la classe dirigente. E allora in questo sforzo devi coinvolgere le università, il mondo della cultura, le associazioni di categoria, troppo spesso autoreferenziali. È una delle grandi sfide che l'Italia ha di fronte. E riguarda in primis la burocrazia. La macchina pubblica. Molti altri paesi europei hanno funzionari meno capaci dei nostri. Ma sono organizzati meglio. Hanno strutture-paese più forti.

Noi abbiamo una classe di burocrati migliore della struttura burocratica. Troppe cose sono bloccate da un sistema di veti e controveti assurdi. Una delle riforme più importanti che abbiamo approvato è quella di portare in Consiglio dei ministri la possibilità di sbloccare singoli veti espressi da singole sovrintendenze senza alcuna possibilità di verifica nel merito.

Ma non sono pochi i burocrati, anche di alto livello, abituati a pensare che il politico passa, fugace, mentre il tecnico rimane, per sempre. E così i dirigenti del ministero dell'Economia mi guardano con occhio compassionevole quando nel marzo 2014 a Palazzo Chigi iniziamo le riunioni per l'operazione 80 euro e per il taglio delle tasse. Li accolgo in jeans e camicia e saranno cinque giorni di analisi punto per punto, voce per voce, spesa per spesa. Ero abituato così, in Comune, con i miei dirigenti. Mettevo il naso dappertutto, facevo domande su qualsiasi dettaglio, chiedevo spiegazioni su ciò che non capivo.

Insieme a Graziano Delrio portiamo il metodo dei sindaci nelle riunioni con i tecnici del ministero, dopo che per anni nelle riunioni dell'Associazione nazionale dei Comuni italiani quegli stessi tecnici erano stati la nostra controparte in duelli interminabili, da cui il sistema dei Comuni usciva invariabilmente penalizzato. Adesso giochiamo con la stessa maglia e al quarto giorno di analisi del bilancio sto ancora interrogando uno dei più bravi dirigenti della Ragioneria di stato, di cui diventerò grande estimatore, e che conosce ogni virgola del bilancio. Cedo per un istante a un po' di umanità: "Dottore, da quanto tempo lavora per lo stato?". "Dal 1987, presidente." Provo a risalire nel tempo. "Dunque lei ha conosciuto i governi Craxi, Fanfani, Goria, De Mita, Andreotti, Amato, Ciampi, Berlusconi, Dini, Prodi, D'Alema, ancora Amato, ancora Berlusconi, ancora Prodi, ancora Berlusconi, Monti, Letta e infine il sottoscritto." "Be', non li ho conosciuti tutti, ma sì, questo è l'elenco giusto." Violo il protocollo: "Uno rompiballe come me lo ha mai trovato? Dica la verità". "No, presidente. Mai." Gelo in sala. L'autorevole dirigente del ministero ha dato del rompiballe al presidente del Consiglio. Non ci sono verbali a testimoniarlo, ma è probabile che non fosse mai accaduto prima nelle austere sale di Palazzo Chigi. Qualche secondo di stupore e poi iniziamo tutti a ridere.

Da quella riunione gli stessi dirigenti che si sono messi al tavolo con noi usciranno più leggeri. Non solo perché capiranno che non siamo dei barbari, ma sindaci prestati alla politica romana, e quindi che anche noi sappiamo far di conto e operare scelte di bilancio, almeno quanto loro. Ma più leggeri anche in senso economico. Per finanziare l'operazione 80 euro e per dare un segnale di equità propongo di introdurre per decreto legge una norma che mi piacerebbe definire "norma Olivetti": nella pubblica amministrazione italiana un superdirigente può guadagnare al massimo dieci volte quel che guadagna l'ultimo lavoratore. Il tetto massimo diventa dunque di 240.000 euro annui, e penso che sia una scelta doverosa in un momento in cui le disuguaglianze crescono e la forbice dell'ingiustizia si allarga. Guardo in faccia le persone che stanno intorno al tavolo nella sala riunioni del sottosegretario Delrio: ce ne sono almeno dieci che da questa brillante riunione usciranno con una media di 50.000 euro annui in meno.

Molti ne capiscono le ragioni, e danno una mano.

Ma è normale, fisiologico, che non tutti, tornando a casa la sera, ci rivolgano pensieri di gratitudine e affetto. Un dirigente pubblico – designato in altri tempi – mi ammonisce: "Guardi che con questi stipendi da fame noi andremo nel privato". Gli rispondo che evidentemente non conosce bene il significato dell'espressione "stipendio da fame". Ma che se qualcuno nel privato lo paga di più e lui non riesce a lavorare con entusiasmo e senso di squadra insieme a noi, be', che si accomodi pure. "Quella è la porta, se vuole, non vorrei trattenerla oltre." Dopo tre anni possiamo dire che l'esodo dal pubblico al privato non c'è stato. E se qualcuno vuole guadagnare di più, lo faccia, se ci riesce. Chi si impegna nel pubblico può accettare la "norma Olivetti", non muore nessuno.

Non è solo questo il terreno di scontro con una parte del mondo burocratico della capitale. Consiglieri di stato che dipingono i fiorentini come barbari vengono avvistati praticamente in tutti i salotti. Personalità dell'avvocatura dello stato che in merito al ricorso in Corte costituzionale sulle pensioni sembrano propendere per le tesi dei ricorrenti anziché del governo sono solo la punta di un iceberg.

Nel sistema quieto e placido della burocrazia romana noi siamo stati un elemento di disturbo. Di frattura. Brindano in tanti la notte della sconfitta. Si brinda al Cnel, sicuramente, l'istituzione più inutile della storia repubblicana, salvata dal voto referendario e chiamata adesso a una nuova vita, con decine di consiglieri che per prima cosa rivendicano l'incostituzionalità del taglio delle indennità stabilite dal mio governo per decreto legge. Brindano negli uffici dove si festeggia lo scampato pericolo. Ma la questione politica di come essere più squadra, semplice e giusta, nella gestione della burocrazia rimane.

Nei giorni successivi al giuramento del governo Gentiloni sono lontano anni luce da quei brindisi. Mi chiudo in taverna a Pontassieve. Mi sono ritagliato un piccolo spazio che difendo con le unghie e con i denti dalle rivendicazioni per usucapione dei miei figli. Provo a concentrarmi per fare ordine tra le carte. E mi trovo a coabitare con Emanuele, impegnatissimo proprio adesso nel battere il proprio record di palleggi con il pallone di cuoio: *tum, tum, tum*. "Emanuele, dai, per favore." "Emanuele, mi hai sentito?" "Insomma, puoi smettere con quel pallone? Il babbo sta lavorando!" "Lavorando? Non direi. Ti sei dimesso, babbo! Che lavoro fai, adesso, scusa?" E mentre riparte la corsa al record di palleggi inizio a ridere dal profondo del cuore. Passino le ironie delle opposizioni, ma quando ti fa secco persino tuo figlio significa che sei messo proprio male! Del resto Emanuele, il matematico della famiglia, nel corso di uno dei rari pranzi tutti insieme prima del referendum aveva spiegato in modo molto chiaro il suo punto di vista ai fratelli e anche a me: "Babbo, ho letto i sondaggi. Non hai chance". "E perché amore?" "Quando stavi simpatico a tutta Italia hai preso il 41%, nel 2014. Oggi stai più antipatico, dunque è matematicamente impossibile che tu faccia di più di quella cifra. È più facile che la Fiorentina vinca lo scudetto che tu vinca il referendum." Purtroppo non è accaduto neanche quello, aggiungo io.

Eppure c'è qualcosa di bellissimo in questa esperienza. Niente retorica, sia chiaro: perdere fa male. Molto male. Ma poi guardi l'agenda, e il giovedì che avevi sbarrato per il Consiglio europeo ti si è improvvisamente liberato: puoi andare tu al ricevimento dei genitori, anche perché tua moglie ha il suo consiglio di classe e per una volta almeno ti rendi utile in casa.

Entri nella scuola suscitando lo stupore degli altri padri e madri in fila per sentire le considerazioni dei prof. Alzi gli occhi verso il soffitto e ti domandi da quanto tempo non vedevi un neon rotto in una scuola, dato che le ultime che hai visitato, essendo entrato

43

lì come sindaco prima e presidente del Consiglio poi, le avevano rimesse a posto alla perfezione. Non hai la Merkel davanti, ma una gentilissima professoressa che ti spiega il rapporto fra tuo figlio e Leopardi. Magari ha votato No anche quella prof, probabilmente ha fatto sciopero contro la Buona scuola, forse dentro pensa tutto il male possibile di te: ma ti rendi conto di quanta professionalità ci sia, nonostante tutto e nonostante tutti, nella scuola pubblica italiana. E poi c'è l'elemento personale: realizzi che tuo figlio già riflette sui pensieri di Leopardi, quando ancora ti sembra ieri che preparavi tu la maturità con gli amici.

E impari di nuovo tutto della classifica di campionato dei giovanissimi e degli allievi, dei prossimi concerti di tua figlia tra le voci bianche del Maggio musicale fiorentino. Ti cambia la gerarchia della giornata, della settimana, del mese, tutto all'improvviso. È un meraviglioso stress test per il carattere: passi dall'essere l'uomo considerato più potente d'Italia a uno come tutti gli altri. È bello, è giusto, è l'essenza della politica come servizio. E ti godi ciò che fino a quel momento ti sei perso.

Poi naturalmente ti domandi fino a che punto può arrivare l'accanimento quando ti seguono al supermercato e ti fanno la foto mentre riempi il carrello: con tanto di polemica sui social perché hai preso il pandoro di una nota azienda veronese. Il pandoro, capisci: su Twitter scatta la rivolta contro il pandoro. Ora, mi domando: ma il 20 dicembre gli odiatori di professione sui social cosa mangiano? Ciliegie? O sono tutti fan del panettone? O semplicemente non hanno niente di meglio per sfogare le proprie frustrazioni? Propendo per l'ultima ipotesi. E comunque a me il panettone non piace, fin da quando ero piccolo.

In assenza temporanea di un ufficio – non ci eravamo organizzati –, la casa diventa anche il luogo degli incontri dei primi giorni. Quelli in cui bisogna decidere se e come continuare. Ester, mia figlia, ha un rapporto stranissimo con la politica. Legge i quotidiani, segue i talk show, ricorda tutte le sfide delle primarie, da quelle fiorentine del 2009 a quelle nazionali del 2012-2013. A differenza dei due fratelli segue tutta la politica minuto per minuto: è ancora in grado di dirti le percentuali finali delle primarie. Fin qui tutto bene, direte voi. Già, solo che ha dieci anni. Roba da Telefono azzurro, mi dico con Agnese, salvo poi ricordarmi che anch'io ero così.

Nei giorni della trasformazione della casa di Pontassieve in ufficio operativo, Ester si mette di vedetta. "Babbo, hanno suonato. Mi sembra di riconoscerlo. Mi sa che quello è Orfini, il presidente del Pd." "Sì, lo stavo aspettando, grazie Ester, puoi aprire tu? Io salgo subito." "Un momento, babbo. Ma siamo sicuri che Orfini abbia votato Sì al referendum? Altrimenti non gli apro." Il Telefono azzurro, appunto. Orfini entra solo perché si giustifica con Ester, spiegando che la sua amicizia con D'Alema appartiene al passato, può verificarlo quando vuole, e che lui ha fatto campagna per il Sì, glielo può dimostrare. Passato l'esame, si gira verso di me: "Ma se candidassimo lei anziché te?".

Quando qualcosa finisce ti viene spontaneo pensare al primo e all'ultimo momento. Mentre a Palazzo Chigi attendiamo l'arrivo di Gentiloni che ha appena giurato al Quirinale, faccio l'ultima telefonata dall'ufficio: è ad Agnese, per chiederle se mi lascia le chiavi di casa nel solito vaso di fiori, come facevamo sempre. E allora ripenso alla prima telefonata, la prima telefonata in assoluto fatta nel momento in cui mi sono seduto dietro la scrivania di capo del governo. Quella prima telefonata io l'avevo fatta a due cittadini pugliesi, bloccati in modo per noi illegittimo in India da anni e al centro di un *affaire* internazionale molto difficile da risolvere. Quei due connazionali, quei due marò, erano fermi a Nuova Delhi, nell'ambasciata italiana, da troppo tempo. E simbolicamente ho pensato – insediandomi – che sarebbe stato un mio dovere almeno provarci.

In tanti mi dicono che io sono uno che pensa soprattutto alla comunicazione. Che le mie scelte sono dettate dall'esigenza di apparire. Che penso soprattutto a come confezionare un racconto, più che alla sostanza. Io invece credo di aver pensato troppo poco alla comunicazione, di aver raccontato quello che abbiamo fatto peggio di come abbiamo governato.

Sui due marò rivendico la differenza, direi quasi ontologica, con chi mi ha preceduto. Perché la loro vicenda è stata a lungo un tema caldo: chi li citava prendeva l'applauso. I commentatori si sgolavano perché l'Italia si facesse rispettare. Le opposizioni, incuranti delle vere responsabilità di questa vicenda, organizzavano manifestazioni di grande impatto mediatico, a cominciare dalla protesta-sceneggiata in aula quando il parlamento accoglieva Ban Ki-moon.

Il governo Monti – sotto il cui operato era avvenuto il fattaccio – aveva ottenuto dall'India che i due marò potessero ritornare in Italia per un periodo. Quando i due arrivano, vengono ricevuti a Palazzo Chigi, esposti alla stampa e alle tv, perché la visibilità e la comunicazione appassionano i governi tecnici molto più di quanto si voglia far credere. La sovraesposizione mediatica pare il preludio alla risoluzione del problema. E invece i militari sono costretti a sorpresa a rientrare in India, con ennesimo scorno della nostra credibilità internazionale.

Noi non abbiamo fatto una sola foto con quei marò. Li ho sentiti per telefono, in più di una circostanza, ovviamente. Ma non li ho esposti come trofei davanti alle telecamere. Però, con la nostra squadra di elevatissima professionalità, li abbiamo riportati a casa. Abbiamo posto la questione dei marò su tutti i tavoli internazionali e abbiamo lavorato bene con il governo dell'India – guidato da una personalità di rilievo come il primo ministro Modi.

Perché per me la politica è questo: raggiungere risultati che restano nel tempo, non occupare le agenzie di stampa per promuovere un'immagine.

È ora di rimettersi in marcia, di prendere il trolley e non più i voli di stato. Di uscire senza cerimoniali e picchetti d'onore a incontrare di nuovo le persone. Fare politica è innanzitutto andare incontro alle donne e agli uomini del nostro tempo, senza rabbia ma provando insieme a cambiare le cose. Con umiltà, certo, ma anche con coraggio, tenacia, determinazione. Sapendo che stavolta non si parte da zero.

Perché nel trolley ci sono mille giorni di riforme piccole e grandi che hanno iniziato a cambiare l'Italia come non succedeva da anni.

2.
I mille giorni

> Merita il potere solo chi lo giustifica ogni giorno.
>
> Dag Hammarskjöld

Nel febbraio del 2014 l'Italia è un paese fermo, bloccato, impantanato nella palude. Tutti i report degli osservatori internazionali ci mettono sullo stesso piano della Grecia, come anelli deboli di un'Europa che invece altrove riparte. Il Pil ha il segno meno. Nel 2012 il governo Monti ha chiuso a -2,8%. Nel 2013 il governo Letta ha chiuso a -1,7%. Numeri freddi ma implacabili, sono i numeri dell'Istat. L'occupazione è in caduta libera: Berlusconi ha promesso un milione di posti di lavoro, e la promessa è stata integralmente rispettata: 1.060.000 posti di lavoro, per l'esattezza. Peccato che – secondo le statistiche ufficiali dell'Istat – siano quelli persi tra il 2008 e il 2013, non quelli guadagnati. La cassa integrazione esplode.

Il parlamento sembra ancora sotto shock. Doveva essere la legislatura del governo delle sinistre, ma la fallimentare campagna elettorale condotta da Bersani blocca il Pd al 25%, allo stesso livello di Grillo, e la coalizione con la sinistra radicale finisce più o meno alla pari con il centrodestra di un redivivo Berlusconi, appena sotto il 30%. Il caos regna sovrano. "Siamo come passeggeri cui hanno annullato il volo e stanno aspettando di sapere quando sarà il prossimo. Ma nel frattempo nessuno ci dice nulla, e noi ci aggiriamo in sala d'attesa aspettando l'indicazione del gate," mi dice un deputato alla prima nomina, sconvolto dal fatto che per mesi non si formino nemmeno le commissioni. Quanto tempo buttato, quanta energia sprecata. Ripenso alla frase di uno dei grandi che mi hanno accompagnato nella mia formazione, il pastore luterano Dietrich Bonhoeffer, autore di *Resistenza e resa*, ucciso dai nazisti a Flossenbürg nel 1945: "Essendo il tempo il bene più prezioso che ci sia dato, perché il meno recuperabile, l'idea del tempo eventualmente perduto provoca in noi una costante inquietudine". Buttare via il tempo rende inquieti, è normale.

Al primo passaggio delicato – l'elezione del presidente della Repubblica – i franchi tiratori bloccano ogni candidatura e la conclusione naturale è la rielezione di Giorgio Napolitano al Colle. Il presidente rieletto pronuncia in aula parole durissime contro la mancanza di serietà di chi promette riforme che poi non realizza: i parlamentari si spellano le mani, ma il giorno dopo la musica non cambia e i progetti di grande rinnovamento rimangono nei cassetti.

Roberto Giachetti, deputato coraggioso e appassionato, inizia uno sciopero della fame contro la vergognosa melina sulla legge elettorale, realizzata innanzitutto dal gruppo dirigente del nostro stesso partito. La grande coalizione che governa insieme, appassionatamente, da Bersani a Berlusconi – perché il governo di larga coalizione tra il Pd e Forza Italia non l'ho inventato io, lo hanno fatto Bersani con premier Monti prima, e Letta poi –, promette di tagliare le tasse ma finisce con l'aumentare l'Iva, e, quanto alla sbandierata promessa di cancellare le imposte sulla prima casa, succede che quella che si chiamava Imu cambia nome e diventa Tasi. In Veneto fioriscono le battute: "Paga le tasse e Tasi".

L'Europa continua a parlarci di patto di stabilità, privatizzazioni, austerity e ci impone regole sulle banche che nessuno dei nostri ha la forza di bloccare, errore clamoroso di cui faremo le spese negli anni successivi. Come se non bastasse, dal 2015 entrerà in vigore il Fiscal compact, che prevede una serie di limitazioni molto stringenti per il bilancio dello stato, voluto dai sacerdoti dell'austerity e inserito nella Costituzione con il voto condiviso di quasi tutti gli schieramenti. Per quella riforma costituzionale nessuno parla di attentato alla democrazia. Non si fa un referendum, perché in parlamento il quorum si raggiunge agevolmente. È una situazione di emergenza, certo: le attenuanti generiche ci sono tutte. Ma in quel momento l'Italia si impegna a raggiungere con un ritmo inaccettabile il pareggio di bilancio. Ipotechiamo il futuro quasi senza accorgercene. Tuttavia, non risultano agli atti né pensosi editoriali di solerti quanto preoccupati analisti, né significative manifestazioni di protesta di partiti o sindacati. Chiamatelo, se volete, trionfo del pensiero unico.

E io? A me le cose vanno bene, anzi benone. Lavoriamo sodo a Firenze e con Firenze. Palazzo Vecchio è semplicemente l'ufficio più bello del mondo, la Sala di Clemente VII è un onore più alto di quello che avrei mai immaginato di poter ricevere, il consenso in città è ancora forte. Quando qualcosa non va, inforco la bici e vado a vedere. Certo, in un mandato amministrativo di bici me ne hanno già fregate tre, ma sono i rischi del mestiere.

Batto palmo a palmo la città con una squadra di collaboratori competenti e innamorati della sfida che stiamo vivendo. Che sia un cassonetto interrato secondo un modello brevettato dai nostri ingegneri o la progettazione condivisa di una piazza di periferia; che siano le case di edilizia popolare in legno o il raddoppio delle biblioteche pubbliche della città per educare i bambini e i ragazzi alla lettura e a spazi di socialità, ogni cosa ci entusiasma, e questa è la nostra forza.

Sono quei progetti che nei giornali non riescono a fare titolo, ma ti allargano il cuore. E la mente. Sono i progetti che vedi crescere, fiorire, sbocciare, e che rendono l'esperienza di primo cittadino unica e irripetibile. Sta terminando il mio primo mandato e decido di organizzare un gran finale di inaugurazioni per allietare la campagna elettorale. Lo so, capisco: prevedere un festival di taglio dei nastri negli ultimi sei mesi può apparire vagamente strumentale. Togliamo pure il vagamente: molto strumentale. Ma abbiamo mille progetti in corso. E dalla scuola al Museo del Novecento, dal teatro alla nuova colonnina per la mobilità elettrica su cui diventiamo leader in Italia, sono entusiasta di poter mostrare concretamente ai miei concittadini che l'esperienza amministrativa non si chiude solo con la pedonalizzazione del Duomo o il rilancio turistico della città, ma con i cantieri.

Intanto, però, nel Pd nazionale cresce la paura. E in molti mi chiedono di mettermi in gioco per la segreteria. Dopo aver perso le primarie contro Bersani, ho deluso chi mi voleva alla testa di un partito autonomo, separato. Ma non penso minimamente alla segreteria, anzi. Il risultato elettorale negativo, la frustrazione per come viene gestito e l'imbarazzo per la vicenda del Quirinale suscitano però nella militanza la richiesta incalzante di una svolta.

Per convincermi, gli emiliani mi portano in un tour per diverse Feste dell'Unità, dove capisco una cosa che non avevo ancora capito: la base del partito ha mollato davvero la vecchia guardia. I nostri vogliono voltare pagina, i nostri chiedono di provarci, i nostri non ne possono più. Sono i volontari di Bosco Albergati, di Villanova dell'Emilia, di Reggio e di Modena, che ti dicono: "Basta con i soliti, tocca a te, ragazzo. Non ti starai mica tirando indietro, vero?".

Nei momenti più difficili mi piace ritagliarmi del tempo con persone di livello, che si divertano a smontare le mie idee e che comunque perdano tre ore per criticarmi. È un metodo molto formativo. Saputo dell'intenzione di riprovarci, e di farlo dentro la cornice stretta del partito, una delle persone più intelligenti che ho la fortuna di conoscere, Alessandro Baricco, si diverte a provocare un gruppo ristretto di amici, riuniti in una calda mattinata fiorentina a Palazzo Vecchio, rivolgendomi una domanda semplice e cattiva: "Ma mi spieghi perché vuoi continuare a giocare in quello stadio lì?". Il Pd aveva perso – pardon, "non vinto" – le elezioni del 2013 e in molti mi chiedevano di fare un passo coraggioso, inventando qualcosa di nuovo fuori dalle famiglie politiche tradizionali. Io rispondevo di no. Che avrei dovuto vincere la battaglia dentro il partito, non contro il partito. Perché per me i partiti vanno cambiati, non abbandonati. Altrimenti si mette a rischio l'intero gioco democratico. Ma Baricco insisteva: "Tu sei una squadra che vince in casa, sempre. In trasferta, quasi dappertutto. C'è un unico stadio in cui la tua squadra perde. È lo stadio del Pd. Mi spieghi perché ti incaponisci a giocare sempre lì?".

La domanda "Ma perché non ti fai un tuo partito?" mi accompagna da allora, e ormai sono trascorsi cinque anni. Quando poi Emmanuel Macron nella primavera del 2017 ha sbaragliato tutti i competitor francesi nelle presidenziali prima, legislative poi, questo ritornello ha smesso di essere un quesito: "Perché non ti fai un partito?" ed è diventato una durissima reprimenda: "Devi farti il tuo partito!", oppure una sconsolata domanda "Ma perché non hai ancora fatto il tuo partito?".

Io però non credo nei partiti monopersonali. Non credo nella democrazia interna ridotta ai nomi e cognomi. Non credo in quelli che fanno mille proclami ma appena perdono un congresso – o magari per la paura di perderlo – se ne vanno e si fondano il loro piccolo, ennesimo, insignificante partitino. I partiti hanno una storia: io penso che sia un bene per l'Italia che abbiano anche un futuro.

Ho stima di Macron, ma non posso seguire le sue orme. E non solo perché in Francia vige un sistema elettorale totalmente diverso, ma anche per un fatto semplice, banale: il suo partito si chiama Em, che vuol dire En Marche, ma anche Emmanuel Macron. I partiti del Ventunesimo secolo non possono fare a meno di un leader, ma non possono basarsi solo su un leader. Almeno in Italia, dico.

Così come contesto i teorici fuori tempo del collettivismo, quelli che non vogliono leader, non capendo che l'alternativa alla leadership è la sconfitta e non la rivoluzione proletaria, prendo le distanze da quelli che considerano i partiti contenitori vuoti a disposizione del capo di turno. Io credo nella fatica di stare insieme, io credo nei partiti. E mentre lo dico mi rendo conto di quanto questo ragionamento sia controcorrente. Sono convinto che sia bello militare in una realtà che va oltre la nostra persona e che ci sopravviverà, riscoprire il gusto dell'appartenenza in un mondo che sembra premiare soprattutto l'apparenza. Penso che si possa vincere contro il gruppo dirigente del proprio partito, penso che si possa andare controcorrente e contro le correnti, penso che si possa mandare a casa un'intera classe dirigente. Ma non trovo logico formare un partito ogni tre mesi come fa la politica italiana. I piccoli partitini hanno abbassato la qualità della democrazia italiana e indebolito la stabilità delle istituzioni.

Qui c'è il Pd, il Partito democratico, la casa comune che il centrosinistra italiano attendeva da anni. Non si molla un progetto al quale hanno lavorato generazioni di persone per l'antipatia di qualcuno. Continuo a pensare che abbiamo fatto bene a continuare a giocare nello stesso stadio.

E il giorno dopo il netto successo ai gazebo, sarà la minoranza interna – primo tra tutti l'allora capogruppo Roberto Speranza – a propormi di prendere in mano il timone. "Matteo, così non andiamo da nessuna parte. Hai vinto le primarie, rilancia tu il paese, andando a governare."

Nel racconto del giorno dopo, il cambio alla guida del governo sarà descritto da molti osservatori come un'oscura manovra di palazzo. L'idea che si sia trattato di una coltellata alle spalle è una fake news alimentata da un nutrito club di editorialisti monotoni. Le ricostruzioni mettono in scena un golpe in piena regola, come se Letta fosse stato usurpato di chissà quale investitura democratica o popolare, quando invece la sua designazione, nel 2013, non era stata decisa da alcun organismo di partito né da un voto popolare: l'unica volta in cui Enrico si era candidato alle primarie, nel 2007, aveva raccolto la miseria dell'11% di voti. Più o meno la stessa percentuale di Civati qualche anno più tardi.

Accade semplicemente che il Pd decide di cambiare cavallo. Lo fa dopo il voto alle primarie di due milioni di persone e alla luce del sole. Nessuno di noi ha ordito complotti segreti, ma si è presa una decisione perché quel governo non si muoveva. Non è un caso se nessuno ricorda un solo provvedimento degno di questo nome in un anno di vita di quell'esecutivo – se escludiamo l'aumento dell'Iva il 1° ottobre 2013. Quello che per mesi commentatori compiacenti hanno definito in modo brutale "complotto" ha un nome più semplice: si chiama democrazia. Abituarsi a praticarla prima, e a rispettarla poi, non nuoce gravemente alla salute.

Letta però entra in modalità broncio. E la scena del passaggio della campanella segna un investimento del premier uscente: fare la parte della vittima funziona sempre in un paese in cui si ha più simpatia per chi non ce la fa che per chi ci prova. Ci sono intere carriere che vengono costruite sul vittimismo anziché sui risultati. Peccato che questo accada a spese di uno dei momenti che per definizione devono essere giocati all'insegna del fair play, sempre. I passaggi di consegna sono dei riti laici. Rispettarli è un dovere per tutti, perché non sono atti di omaggio a chi subentra, ma atti di rispetto verso le istituzioni. Persino Prodi e Berlusconi quando si sono scambiati la campanella hanno indossato i loro sorrisi migliori, pur detestandosi cordialmente. Davanti alle istituzioni gli umori, le ripicche e i risentimenti vengono in secondo piano: prima c'è il paese.

Un particolare mi colpisce molto. Il cerimoniale di avvicendamento a capo del governo prevede che ci sia un passaggio di consegne tra il premier uscente e il premier entrante, con una relazione scritta del lavoro svolto. Letta mi riceve nel suo ufficio e mi consegna un foglio scritto a mano in tutta fretta, con alcuni punti appena abbozzati. È un fogliaccio che sembra una brutta copia di qualcosa. L'ho tenuto con me per mille giorni, nel cassetto di destra della scrivania. E quando ho lasciato Palazzo Chigi me lo sono portato via, per ricordarmi sempre come non si lasciano le cose. Per questo, mentre scendo dal Quirinale dopo le dimissioni, chiedo a Maria Elena Boschi di redigere subito una relazione puntuale e precisa dell'operato del governo uscente per il mio successore: ne risultano ventitré pagine dettagliate a disposizione del nuovo governo.

Più che le forme del galateo istituzionale, il passaggio di consegne lascia alla cronaca una mia frase: "Enrico, stai sereno". Espressione che adesso non posso più usare con nessuno, ma che in realtà avevo pronunciato con un sorriso pacifico qualche settimana prima, intervistato su La7 da Daria Bignardi. Un messaggio affettuoso e rassicurante, lo "Stai sereno", fino ad allora. Ma adesso in Italia nessuno pronuncia più questa esortazione senza temere di essere travisato.

Una cosa detta senza pensarci troppo diventa un tormentone. Mi era già successo con "rottamazione".

E così, una parola buttata lì in un'intervista agostana finisce per designare un intero gruppo di persone: noi diventiamo i rottamatori. Punto.

Ma la parola che proprio mi scappa di bocca prima, di mano poi, è "gufo". Vorrebbe indicare quelli che tifano contro l'Italia. Quelli che godono quando un decimale dei dati Istat arriva con il meno davanti. Quelli che se vedono qualcosa andar male sono felici perché possono argomentare meglio le loro riflessioni negative. La parola però prende campo e si allarga. Nel chiacchiericcio da talk show diventa gufo chiunque non la pensi come me. E scatta un'operazione di marketing fantastica. Ecco la tazza con i gufi per fare colazione (l'hanno regalata anche a me, giuro), le tovaglie con i gufi, i calzini con i gufi, la cover del telefonino col gufo. Finché in uno degli incontri di campagna elettorale un ragazzo romagnolo tutto felice mi dice: "La mia morosa mi ha regalato le mutande col gufo". Fermiamoci qui, grazie.

Che il mio "Stai sereno" fosse sincero lo dimostrano alcune intercettazioni con un importante generale italiano. Avete letto bene: intercettazioni. Perché nello stesso momento in cui partecipo alle *Invasioni barbariche* vengo intercettato al telefono con un importante generale italiano, in quel momento indagato e sotto ascolto senza che naturalmente io lo sappia. Quelle intercettazioni, prive di rilevanza penale, finiscono ovviamente sui quotidiani, nessuno sa perché né come.

È la prima volta in cui faccio la conoscenza del Noe, Nucleo operativo ecologico dell'Arma dei carabinieri, che su incarico di un pm di Napoli, il dottor Woodcock, mi intercetta. Apprenderò dell'intercettazione mentre sono presidente del Consiglio, grazie a uno scoop del "Fatto Quotidiano" firmato da un giornalista che si chiama Marco Lillo. Segnatevi mentalmente questo passaggio: Procura di Napoli, un certo procuratore, il Noe dei carabinieri, "il Fatto Quotidiano", un certo giornalista. Siamo nel 2014, non nel 2017, sia chiaro. Che poi i protagonisti siano gli stessi anche tre anni dopo è ovviamente una coincidenza, sono cose che capitano. Le intercettazioni, comunque, sono insignificanti dal punto di vista penale, non essendovi nulla di interessante tranne una dotta conversazione sul calcio. Ma paradossalmente vanno a mio vantaggio, perché dimostrano la mia totale buona fede nel rapporto con Letta. Dico infatti al generale, che mi chiede se esista la possibilità di un cambio della guardia, che no, non c'è. Che andremo avanti come siamo. E che mi devo concentrare sulle elezioni fiorentine. Nel gennaio 2014, parlando al telefono, ancora escludo categoricamente qualsiasi cambio della guardia a Palazzo Chigi.

L'idea che "Stai sereno" sia una fregatura mi ferisce. Non sono il tipo da farsi impressionare. Non sono uno che si scompone se lo attaccano. Ho subìto insulti di ogni genere. Ma la cosa che più mi fa male è l'accusa di non aver mantenuto la parola data. Semplicemente perché non è vero.

Dedico così tanto spazio alla ricostruzione dettagliata di questa storia perché, se non lo facessi, mi sembrerebbe di insultare ciò che di più importante mi ha insegnato mio nonno. Sono nipote di un sensale. Mio nonno Adone, orfano da quando aveva sei anni e dunque costretto a lavorare fin da bambino per mantenere i fratellini, vendeva animali nella Toscana contadina del primo dopoguerra. Il suo insegnamento resta scolpito nella mia testa: "Quando dai la mano a qualcuno, quello vale più di un contratto. Non c'era bisogno di notaio ai nostri tempi, Pippo". Mi chiamava Pippo, mio nonno. E adesso che ci penso non ho mai saputo il perché.

Quando il Pd decide il passaggio di consegne, il presidente della Repubblica Napolitano mi convoca informalmente al Quirinale. La telefonata del centralino arriva provvidenziale: sono davanti alla Play con Francesco ed Emanuele, in un torneo a tre di *Fifa 2014* che si preannuncia un disastro. Quando il telefonino vibra, mi sembra un'ottima scusa per interrompere la goleada in corso.

Non ho un rapporto molto stretto con il presidente Napolitano. Ho avuto modo di collaborare con i suoi uffici soprattutto in occasione della Festa per i 150 anni dell'Unità d'Italia, come sindaco di una delle tre città capitali. Ma ho sempre pensato che mi guardasse con bonario sospetto, senza particolare trasporto. "Caro Renzi, ci dividono cinquant'anni esatti! Tu sei del '75, io del '25," mi dice nel primo incontro da sindaco al Colle. Normale che non apprezzi fino in fondo i toni di uno che si presenta come rottamatore, penso. Su un punto poi abbiamo avuto un vero e proprio confronto dialettico.

Apro a Bari la mia campagna per la segreteria spiegando con forza che sono contro l'amnistia. Atterro all'aeroporto di Firenze e mi dicono che il presidente della Repubblica mi sta cercando. È sabato sera, tardi. Salgo in auto insieme ad Agnese, destinazione Pontassieve, casa dei nonni, dove abbiamo "parcheggiato" i tre figli. Nessuno ha ancora scritto a sufficienza di come la nostra generazione debba accendere un cero a "san Nonno", custode e protettore delle famiglie di oggi. Ma il centralino non molla fino a tarda sera. Il presidente mi vuole parlare. Ed è una reprimenda in grande stile. La telefonata si chiude con il mio impegno a leggere l'intero messaggio alle Camere sull'amnistia che il Quirinale mi farà avere a Palazzo Vecchio nella mattinata di lunedì, già debitamente sottolineato.

Nel merito, credo che avessimo delle buone ragioni per dire No all'amnistia e, tornassi indietro, rifarei esattamente quello che ho fatto. Non perché non si possa immaginare un provvedimento di clemenza. Ma perché l'ultimo, quello seguito all'appello al parlamento di papa Giovanni Paolo II, aveva prodotto un indulto che si era rivelato inutile in termini di sovraffollamento delle carceri e dannoso in termini di senso di sicurezza dei cittadini. La netta sconfitta del centrosinistra del 2008 si deve anche – a mio avviso – alle modalità frettolose e superficiali con cui quell'indulto era stato gestito.

La sostanza dice poi che, grazie al lavoro svolto tra il 2014 e il 2016 – la stretta sulla carcerazione preventiva, l'aumento di pene alternative, la costruzione di nuove carceri –, il problema del sovraffollamento carcerario si è ridotto, pur rimanendo una grande questione di civiltà che non può essere sottovalutata. Io sono fiero di essere stato il primo presidente del Consiglio a visitare un carcere. Ho scelto di andare a Padova perché Padova è una delle strutture con maggiore capacità di valorizzare il lavoro dei detenuti e di offrire loro la prospettiva di un reinserimento professionale. Sono stato nel carcere minorile di Nisida, a Napoli, e ho ascoltato storie terribili: storie di ragazzi che hanno commesso reati quando erano minorenni e che provano a ripartire in un paese in cui la recidiva è la più bassa d'Europa, ma ancora troppo alta. Li ho visti fare la pizza, recitare, realizzare manufatti artigianali. Li ho visti commuoversi dopo l'incontro con i parenti delle loro vittime. Ho visto un'umanità e un dolore che spaccano il cuore. Chi conosce la devastata umanità di una prigione sa che l'atteggiamento cinico e demagogico del "Lasciamoli dentro e buttiamo via la chiave" non solo cozza contro la Costituzione, ma anche contro gli ideali più profondi che abbiamo in quanto essere umani.

Per questo sono fiero di aver fatto un grande lavoro sul carcere negli anni in cui sono stato al governo lavorando insieme al ministro Orlando. Ma ancora molto c'è da fare: penso innanzitutto ai bambini che nascono in prigione, per i quali, per primi, a Firenze abbiamo pensato a una struttura di accoglienza in modo da evitare che imparino a camminare vedendo il cielo attraverso le sbarre.

L'episodio dell'amnistia dimostra, una volta di più, che non ho un rapporto quotidiano né di particolare confidenza con il presidente. Per anni gli ho dato del lei, ad esempio. Gli riconosco una qualità umana straordinaria, un rigore e una professionalità fuori dal comune. E gli sarò sempre grato per la delicata attenzione con cui ha seguito i miei giorni a Palazzo Chigi, in particolar modo quando mi ha inviato una lettera molto affettuosa dopo una dura battaglia persa in Europa e uno scontro con l'allora presidente del Consiglio europeo Van Rompuy.

Quando all'improvviso mi invita a cena, nel suo appartamento al Quirinale, capisco che ha deciso di rispondere alle sollecitazioni non solo del Pd, ma di tutti quelli che gli chiedono un cambio in corsa. È l'8 febbraio 2014. Esco poco più tardi delle ventidue dall'uscita secondaria del Quirinale, accompagnato da un amico con una Smart. Vado in albergo e mi chiedo: e ora?

Già, e ora? E ora semplicemente si prova a cambiare l'Italia. Giusto il tempo di un brivido di vertigine, quella almeno me la concedo, e poi si parte.

Quando esco dalla Sala degli specchi e dico ai giornalisti che vogliamo riformare le istituzioni, il lavoro, la scuola, la pubblica amministrazione rilanciando beni culturali e infrastrutture, in molti mi osservano con lo sguardo esperto e scafato di chi pensa: "Avanti un altro, vediamo quanto dura. Vediamo quanto tempo impiega prima di arrendersi".

Mille giorni dopo, molto è cambiato. Non tutto ha funzionato, e la sconfitta referendaria ne è una dolorosa testimonianza. Ma molto è cambiato, eccome: impossibile negarlo. Però non è facile trovare la giusta via di mezzo tra la rivendicazione delle cose fatte e la consapevolezza della necessità di andare avanti. Perché se descrivi tutto quello che hai raggiunto – ed è veramente tanto, oggettivamente tanto – diventi noioso anche a te stesso. Sembri infatti il vecchio zio che racconta sempre la solita storia; mi immagino sdentato camminare a fatica dicendo: "Vi ho mai parlato di quella volta in cui abbiamo fatto il Jobs Act?".

E poi sappiamo tutti che le elezioni si vincono sul futuro: offrendo una visione per il domani, non gloriandosi delle conquiste passate.

Forse anche in questo caso ho sbagliato nel proporre una rivoluzione culturale quale quella che abbiamo (parzialmente) realizzato con uno stile di comunicazione che somiglia più all'offerta di un supermercato che a un progetto politico. Quando – uscito dal Quirinale con la lista dei ministri – dico che faremo una riforma al mese, voglio dare il senso dell'urgenza ma appaio, probabilmente, più simile al piazzista che allo statista. Perché la cosa incredibile è che poi le riforme le abbiamo fatte davvero. Molte bene, alcune meno.

Eppure siamo circondati da una contronarrazione puramente distruttiva, che fa male a tutti. Nell'era della post-verità ciascuno può dire quello che vuole: contestare i dati Istat, interpretare come vuole i risultati del Pil, ignorare il numero dei nuovi occupati. Vale tutto, e vince chi la spara più grossa.

Non solo: un utilizzo spregiudicato dei media porta a viralizzare soprattutto le bugie e fa rimbalzare sulla rete menzogne che diventano inarrestabili. Questo è un tema caldo nel dibattito politico anche internazionale: durante il vertice Nato di Varsavia del 2016, in una pausa caffè, discutiamo con Obama e Merkel delle implicazioni di internet nei rispettivi paesi e delle ingerenze telematiche di paesi stranieri, argomento che avrà un peso molto rilevante durante le presidenziali Trump-Clinton. Ma è una questione che travalica i tavoli ufficiali, e dal summit Nato di Varsavia corre veloce fino al supermercato fiorentino dove una signora mi ferma e dice: "Ho sempre votato per te e non vedo l'ora che torni a Palazzo Chigi. Ma non ho capito perché hai fatto precipitare quell'elicottero". "Come? Fatto precipitare un elicottero? Di cosa parli?" "Hai visto quell'elicottero che portava i soccorsi nelle zone del terremoto? Ho letto su Facebook che è precipitato perché non avevano più soldi per il gasolio, visto che tu hai tagliato i fondi alla Protezione civile." Come se "l'ho letto su Facebook" fosse una frase attendibile, oggi.

La ricerca di un equilibrio tra il desiderio di raccontare la verità sul passato e il bisogno di prospettare un'idea di futuro è innanzitutto compito di giornalisti e commentatori, con alcuni dei quali ho avuto un rapporto quantomeno complicato. Tutti mi suggerivano di dedicare un'ora al giorno alle telefonate ai principali opinionisti: "Fallo, gratifichi il loro ego". Ma mi pagavano per fare il presidente del Consiglio, non per tenere le pubbliche relazioni. E poi non ho l'arte della diplomazia nel Dna.

I mille giorni del mio governo hanno segnato un cambio di passo non solo generazionale nella guida del paese. Nonostante i risultati raggiunti siano incontestabili, nelle settimane successive alla sconfitta referendaria un'allegra combriccola di maramaldi imperversa a reti unificate, in tutti i talk show, per dire che l'azione economica dell'esecutivo è fallita. I nostri esperti faticano a essere anche semplicemente invitati a spiegare le loro ragioni: è il giorno del vigliacco, tipico atteggiamento dei professionisti della discesa dal carro dello sconfitto. Un mio amico twitta: "Certo che se davvero come dite voi in questi anni Renzi ha lottizzato e occupato tutta la tv, deve essere proprio incapace: io in tv vedo solo suoi avversari". Un professore gentile e determinato come Marco Fortis decide di reagire e inizia a sfornare, con l'aiuto di suoi collaboratori, una serie di documenti – che cerchiamo di diffondere in rete – in cui si mostrano, argomento per argomento, grafico per grafico, i risultati economici: dal Pil che abbiamo preso al -2% e lasciato al +1% fino agli oltre 800.000 nuovi posti di lavoro, dall'export ai consumi. Il populista urla e abbaia alla luna, il politico prova a cambiare le cose. Il demagogo sbraita, il democratico governa. La differenza è tutta qui: dopo generazioni di governanti abilissimi a mettere in campo ogni genere di alibi, noi abbiamo provato a prenderci le nostre responsabilità. Potevamo fare meglio, certo. Ma finalmente qualcosa si è mosso nell'Italia dell'eterno rinvio. Alcuni nostri colleghi dicono no, noi almeno proviamo a darci una visione, un progetto, una speranza. Loro dal blog pentastellato dicono no alle Olimpiadi e ai grandi eventi, noi garantiamo l'organizzazione di Expo e Giubileo. Loro dal palco leghista di Pontedilegno urlano con Salvini: "Vogliamo tre giorni di sciopero per bloccare l'Italia", noi rispondiamo abbassando le tasse per sbloccarla, per farla ripartire. I populisti non sono i nostri avversari: sono gli avversari dell'Italia. Perché puntano a far andar male le cose, anche se a rimetterci sono gli italiani. Noi invece ci proviamo.

Ma, come dicevo, non voglio fare qui l'elenco dei risultati. Mi limito a evidenziare tre sfide vinte e tre battaglie che invece ho perso, provando a individuare per ognuno di questi argomenti uno sviluppo per i prossimi mesi e per i prossimi anni. Perché il senso dell'espressione "Avanti" alla fine sta tutto qui: raccontare ciò che abbiamo fatto, certo, ma per muoversi, non per compiacersi. Per continuare a correre, non per dirsi bravi.

Consideriamoli sei post-it sulla lavagna del futuro. Perché quello che è accaduto con il governo dei mille giorni si può riassumere in modo semplice: non abbiamo fatto tutto quello che ancora c'è da fare. Ma abbiamo dimostrato che si può provare a fare tutto. Che si può cambiare. Che è meglio provarci e sbagliare qualcosa anziché stare sull'albero a cantare o nei talk a criticare.

Primo punto, positivo: il carico fiscale
"O Nanni, questa volta il giochino delle tasse non ti riuscirà." Nanni è il tipico modo fiorentino di chiamare affettuosamente e confidenzialmente una persona più giovane. Paolo, un amico mio concittadino, dubita che si possa replicare a livello nazionale l'esperienza alla guida della Provincia e poi del Comune, dove abbiamo ridotto le tasse, dando un taglio alla pessima abitudine di usare i cittadini come bancomat. Siamo riusciti a smentirlo, ed è uno dei nostri risultati più significativi.

Non è un caso che l'ultimo aumento dell'Iva si sia verificato il 1° ottobre 2013, quando il governo precedente non era riuscito a evitare lo scatto di una delle tante clausole di salvaguardia. Noi cambiamo registro e, passo dopo passo, proviamo a intervenire su tutto: l'Irap sul costo del lavoro, le tasse agricole, le tasse sulla prima casa, gli incentivi per le aziende (come il superammortamento), persino il canone Rai, l'Ires, l'Iri, il nuovo regime delle partite Iva. L'idea è un graduale, costante, ineludibile processo di riduzione del carico fiscale sugli italiani. Tutti promettono in campagna elettorale di abbassare le tasse, noi lo facciamo sul serio.

Cuore dell'operazione e punto di partenza di tutto è il bonus 80 euro. Il giorno della presentazione del progetto ho usato per la prima volta a Palazzo Chigi delle slide ironiche, e qualcuno ha paragonato la mia conferenza stampa a una televendita. Per la prima volta dopo molto tempo avremmo dato una buona notizia agli italiani: i dieci milioni di cittadini di classe media che guadagnano meno di 1500 euro al mese da quel momento avrebbero visto ritornare nelle proprie tasche circa 1000 euro puliti l'anno, 80 euro precisi al mese. È una proposta sulla quale avevamo a lungo lavorato ai tempi della "Leopolda" con un nostro parlamentare proveniente dal mondo della consulenza, Yoram Gutgeld. L'obiettivo era strategico: rafforzare il ceto medio, difendere le fasce medio-basse dal rischio di essere risucchiate nella zona povertà, togliere un po' di soldi ai soliti noti per darli a chi aveva bisogno di spenderli.

La decisione di dare un contributo secco, mensile, sicuro per aiutare il ceto medio è una grande operazione di politica economica. Un fattore di equità sociale, sacrosanta, prima che di crescita economica. Un'operazione ridicolizzata e sminuita nel racconto mediatico dagli oppositori, che sono riusciti persino a far credere che si tratti di una misura spot, una tantum, per cui molti di quelli che non ricevono gli 80 euro pensano che si sia trattato di un contributo ricevuto una sola volta prima delle elezioni europee. Invece non solo sono arrivati dopo le elezioni europee, ma soprattutto arrivano tutti i mesi ormai da oltre tre anni, costituendo il più grande incremento di stipendio mai ottenuto dal ceto medio italiano.

Naturalmente raggiungere l'obiettivo non è semplice. I tecnici del ministero, ma anche i consulenti di Palazzo Chigi, chiedono di non dare 80 euro a tutti, ma una percentuale variabile calcolata attraverso un complicato algoritmo in base allo stipendio. Stiamo freschi, penso tra me e me. Mi impunto con decisione: se non veicoliamo un messaggio semplice, come potremo farci capire? Se dico che tutti gli aventi diritto prendono 80 euro, è facile da spiegare. Se dico che bisogna andare dal commercialista o al Caf per calcolare lo sconto sulla base di un parametro affidato a una circolare interpretativa del decreto ministeriale, alla fine chiamano la neuro.

Sembra incredibile, ma siamo stati fermi due giorni su questo punto. Finché decido di impormi: si fa come dico io, 80 euro puliti e netti a tutti quelli che ne hanno titolo senza troppe complicazioni, perché non basta fare le cose, bisogna anche spiegarle. L'Italia delle burocrazie invece sembra animata dal desiderio di complicare le cose semplici. Come ha espresso mirabilmente Bersani, Samuele Bersani, un cantautore bravissimo: "Troppo cerebrale per capire che si può star bene anche senza complicare il pane".

Quante altre volte invece, per quieto vivere e sbagliando – sbagliando io, non gli altri –, non ho avuto la stessa forza? Quante volte ho rinunciato a imporre un principio di semplicità e chiarezza? Le sfide vincenti sono quelle comprensibili. Più un'operazione è difficile da realizzare – e il bonus 80 euro è stato difficilissimo da raggiungere e poi da mantenere –, più dobbiamo trovare il modo di spiegarne la logica in maniera semplice.

Gli 80 euro sono diventati un marchio di fabbrica nell'azione del governo. Li abbiamo infatti estesi gradualmente ad altre categorie, a cominciare dalle forze dell'ordine. E naturalmente sono subito arrivate le polemiche, ignorando il fatto che, prima dell'operazione 80 euro, se il ministro dell'Economia si presentava in conferenza stampa di solito era per annunciare come si sarebbero messe le mani nelle tasche degli italiani, non il contrario. L'operazione 80 euro è stata l'inizio di una rivoluzione concettuale, ma ha fornito anche uno dei principali argomenti di contestazione agli oppositori.

All'inizio perché "è un'invenzione di Renzi, vedrai che non ci saranno le coperture". Quando sono arrivate le coperture, perché "è un'invenzione di Renzi, gli serve per le elezioni, poi la cancellerà". Quando si sono chiusi i seggi, perché "è un'invenzione di Renzi, nessuno spenderà davvero questi 80 euro".

Quando si scopre che dopo tre anni i consumi crescono e il Pil riparte anche grazie a questa misura (certo, non solo per questa misura), gli avversari criticano come l'ho presentata: con una conferenza stampa degna di una televendita anziché con un convegno scientifico sulla crisi del ceto medio nella società del Ventunesimo secolo. E il bello è che hanno anche ragione. Perché gli 80 euro non sono una mancia elettorale come pensano taluni politici ipermilionari, incapaci di cogliere la fatica di arrivare alla fine del mese per un metalmeccanico che guadagna 1100 euro e per il quale gli 80 euro puliti, netti, sicuri fanno la differenza. Sono una misura di equità sociale, di ridistribuzione, di investimento sul ceto medio, di prevenzione nella lotta alla povertà.

Col senno di poi, avrei dovuto far precedere il decreto approvato dal Consiglio dei ministri il 18 aprile 2014 da un grande convegno di premi Nobel ed economisti sul valore della ridistribuzione e sulla crescita del salario come strumento di equità, anziché da una conferenza stampa con slide ironiche e divertenti. Ma è anche vero che dovevo parlare ai cittadini. I quali, peraltro, per mesi non si sono fidati: tant'è che all'inizio perlopiù non spendevano quei soldi. Quando si è capito che la misura era strutturale, allora è stato fisiologico assistere a una crescita dei consumi. Piccola, certo, ma una crescita.

La conferma di questo è che tutti criticano il bonus ma nessuno pensa di toglierlo. Sfido chiunque in campagna elettorale a proporre di togliere gli 80 euro. Se toccherà a noi governare di nuovo, quel bonus andrà esteso, non cancellato. Perché aiutare il ceto medio non è una mancia, non è uno slogan. È semplicemente una cosa equa e giusta.

Qualcuno critica la politica dei bonus. Forse perché rimpiange la stagione dei malus, quella in cui la legge di stabilità si faceva alzando le tasse e spremendo i cittadini come limoni. Se c'è una cosa di cui sono orgoglioso è quella di aver portato la sinistra italiana a capire che il principio per il quale "le tasse sono bellissime", espresso da un galantuomo che fu ministro dell'Economia ai tempi del governo dell'Unione, è un principio che può andar bene nei convegni accademici o nei salotti dei signori benestanti. Se vai da un artigiano o da un operaio e gli dici che le tasse sono bellissime, lo stai provocando.

Mantenere la sinistra nel solco culturale di chi sostiene che la prima misura per la crescita è la riduzione della pressione fiscale è stato un piccolo passo per il nostro governo, un grande passo per il centrosinistra italiano. La prima misura per la crescita è infatti restituire fiducia al consumatore e all'imprenditore: se la gente sta perdendo il posto di lavoro, è ovvio che serve l'incentivo perché l'imprenditore coraggioso possa avere lo stimolo ad assumere.

Questo naturalmente si fa con i bonus, con gli incentivi. Nei mille giorni abbiamo offerto agli imprenditori molte opportunità. Il piano Industria 4.0 arriva al termine di un percorso che ha visto: rinnovo della Sabatini (la misura per facilitare l'accesso al credito delle imprese), cancellazione della componente costo del lavoro dell'Irap, Patent Box, Pir, abbassamento Ires, Iri e tasse agricole, superammortamento, iperammortamento sgravi sulle assunzioni con il Jobs Act, credito di imposta al Sud, iniziative di Invitalia.

Abbiamo detto: chi di voi vuol fare l'imprenditore ha delle possibilità che prima non aveva. Chi di voi vuole girarsi dall'altra parte sappia che butta via la più grande possibilità di ripartire sul serio.

Anche perché, diciamola tutta: il paese deve cambiare, i politici devono cambiare, ma anche la classe dirigente e imprenditoriale deve cambiare. La politica non è un ecosistema protetto e impermeabile. Tutta la classe dirigente italiana soffre degli stessi vizi e condivide analoghe virtù. Non giriamoci attorno, per favore. I vizi che per molto tempo sono stati imputati ai soli politici erano e sono esattamente gli stessi di larga parte dei manager, professori, imprenditori, intellettuali. O c'è un'assunzione collettiva di responsabilità da parte della presunta classe dirigente di questo paese o si continuerà a fare dei politici il facile capro espiatorio di una crisi che va in realtà oltre la classe politica. L'Italia deve tornare ad avere una classe dirigente a tutti i livelli, non solo in politica. La scossa agli imprenditori serviva – in parte serve ancora – per cambiare la mentalità di un settore del mondo del business italiano. Ci sono migliaia di imprenditori straordinari che hanno tenuto alto il nome dell'Italia, nonostante la politica italiana. Ma alcuni di loro, e talvolta le stesse associazioni di categoria, hanno sofferto di difetti analoghi a quelli della classe politica. Per questo occorreva innovare, dare un segnale chiaro e netto di inversione della politica fiscale. Buttare giù le tasse e dare incentivi a chi volesse mettere i soldi in azienda anziché nelle proprie tasche, o sperperarli in litigi di famiglia. Non voglio rassegnarmi alla visione ideologica di chi a sinistra vorrebbe aumentare ancora le tasse. La strada del Pd è segnata, anche per il futuro: abbiamo abbassato le tasse e continueremo a farlo. Ma, cari imprenditori, dovete trasformarvi anche voi. Se buttiamo giù le tasse e semplifichiamo la burocrazia, è finito il tempo degli alibi, per tutti.

Parallelamente, mentre abbassavamo le tasse abbiamo migliorato i risultati della lotta all'evasione. E l'abbiamo fatto in piena aderenza alle proposte lanciate anni prima alla "Leopolda" da alcuni giovani professionisti coordinati da Ernesto Maria Ruffini, oggi colonna della nostra azione e responsabile del progetto di chiusura di Equitalia: digitalizzazione diffusa, fatturazione elettronica, dichiarazione telematica, split payment, strumenti innovativi per incrociare le banche dati e scoprire chi fa il furbo. Ma allo stesso tempo semplificazione radicale.

Fino a qualche anno fa c'era chi pensava che si facesse lotta all'evasione mettendo i finanzieri fuori dalle boutique di lusso a giocare a nascondino con i clienti russi, o chiedendo la carta d'identità e l'esame del sangue a chiunque comprasse qualcosa di costoso, o colpendo duramente il mercato delle barche di lusso. Tutte cose molto populiste, come a volte sanno essere le decisioni dei tecnocrati. Tutti provvedimenti molto spendibili in una trasmissione televisiva, che tuttavia non hanno prodotto gettito fiscale ma solo l'ira funesta del popolo contro i superricchi e dei superricchi contro l'Italia. Il modo vero per "pagare meno, pagare tutti" è puntare sulle tecnologie e stimolare a investire in Italia – facendo leggi lungimiranti come la collaborazione volontaria ("voluntary disclosure") – anziché all'estero. Con questo approccio abbiamo segnato il record di recupero dall'evasione nella storia repubblicana, ottenendo 15 miliardi nel 2015 e 19 nel 2016, contro una media di circa 11 miliardi degli anni precedenti.

Il cambio di approccio del Pd sulle tasse è forse la novità culturale più significativa del nostro schieramento politico in questi anni e uno degli elementi di maggiore distanza con altre formazioni politiche che si definiscono di sinistra. Abbiamo dismesso i panni di Dracula, cercando di lavorare sulla collaborazione.

Dai tempi della "Leopolda" abbiamo proposto che lo stato facesse di tutto per favorire tre cose: pagare le tasse in modo più semplice, pagarle tutti, pagarle meno. Pagare le tasse in modo più semplice richiede una lotta contro la burocrazia, pagarle tutti richiede una lotta contro l'evasione, pagarle meno richiede una lotta contro il conservatorismo di sinistra.

Per questo la sfida dei prossimi anni – iniziata con i mille giorni del nostro governo – è già segnata: trasformare il fisco da autorità che impone unicamente obblighi a fornitore di servizi per adempiere a quegli obblighi. Da mio nemico a mio consulente. Questa idea è una svolta che sta alla base di tutto quel che abbiamo realizzato in quest'ambito: dichiarazione precompilata, fatturazione elettronica, modernizzazione della riscossione, processo di chiusura di Equitalia, cancellazione delle superstangate nelle cartelle. Pagare in modo semplice non ti renderà felice di pagare le tasse: quello mai. Ma almeno non ci perderai tempo.

L'evasione è un fenomeno che accompagna l'Italia sin dalla sua nascita, per carenza di senso civico e abbondanza di senso cinico, per sfiducia nello stato e nei suoi servizi, per convenienze economiche e politiche, per inefficienza della burocrazia. Combatterla invocando sanzioni iperboliche è il miglior modo per non far nulla. L'evocato tintinnio di manette non ha mai prodotto un tintinnio di monete nelle casse dello stato ma solo l'approvazione dei moralisti senza morale che ignorano come le sanzioni spariscano – insieme alle imposte – nei ricorsi persi davanti ai giudici tributari. L'arma più grande contro l'evasione non è il moralismo monodirezionale, ma la tecnologia.

Dobbiamo spiegare che è giusto eticamente ma anche utile economicamente avere un sistema semplice, che funziona. La tecnologia e la semplificazione abbassano le tasse. Io detesto pagare il canone Rai, lo trovo una tassa odiosa. Ma non potendo eliminarlo, almeno per il momento, abbiamo preteso che lo pagassero tutti perché tutti potessero pagare meno. Quando siamo arrivati costava 113 euro, adesso 90. Perché? Perché mettendolo in bolletta nessuno può più fare il furbo.

Se seguiremo la strada della semplificazione e della digitalizzazione, la prossima legislatura potrà contare su un fisco che, dopo aver dato una mano alla classe media, agli agricoltori, agli imprenditori che assumono, ai proprietari di una casa, si occupi e si preoccupi di più delle famiglie, partendo da quelle che hanno figli. Ma di questo e di come reperire le necessarie risorse ci occuperemo nel capitolo 4, quello sulle proposte del Pd per il futuro.

Per il momento fermiamoci su un'evidenza: gli 80 euro e il governo dei mille giorni hanno fatto tanto per cambiare il rapporto tra gli italiani e il fisco. E il meglio deve ancora venire.

Secondo punto, negativo: le banche
Una delle sfide che perdiamo nel modo più clamoroso è quella delle banche. L'incessante campagna dell'opposizione mi presenta come amico dei banchieri. È un curioso contrappasso, il mio. Quando divento leader del Pd esplicito chiaramente il mio intendimento di non mettere bocca in nessuna questione di nomine, dicendo pubblicamente al sindaco di Siena che per le nomine del Monte dei Paschi da me non riceverà neanche un curriculum. Il massimo dell'interazione col mondo del credito è quando vado a studiarmi il modo per ottenere un mutuo trentennale per la casa, come accade a decine di migliaia di giovani famiglie italiane.
Anche perché a me le banche sono antipatiche. I bancari no, per carità, bravissime persone. Ma le banche in casa mia sono un problema da quando i miei genitori hanno preso una fregatura colossale, accendendo a fine anni ottanta un mutuo in ecu che ha fatto perdere loro un sacco di soldi. Il mutuo in ecu. Per anni ho pensato delle banche, odiandole, la stessa cosa che diceva Mark Twain: "Un banchiere è uno che vi presta l'ombrello quando c'è il sole e lo rivuole appena comincia a piovere".
Eppure nel giro di qualche mese la propaganda populista virale dei 5 Stelle mi affibbia questa immagine di amico dei banchieri. Devo dire che la strategia comunicativa è da applausi: tanto più è fantasiosa la rappresentazione che fanno di me, tanto più dovrei avere l'onestà intellettuale di riconoscere l'abilità della mistificazione. Bravi, non c'è che dire.
La verità è semplice. La classe dirigente italiana – e in essa includo non solo i politici ma anche i commentatori, i banchieri, gli imprenditori – è rimasta in silenzio davanti alla vicinanza talvolta complice, talvolta connivente del sistema politico con quello del credito. Non siamo i soli al mondo, sia chiaro. Il sistema delle banche territoriali tedesche è decisamente

messo peggio del nostro. Ma quando si sono fatte le regole europee nessuno ha avuto il coraggio di affermare che il re era nudo e di chiedere alla Germania parità di trattamento tra le banche principali e le banche regionali. Anzi, si sono approvate regole sbagliate e anti-italiane.

I governi Monti e Letta hanno sottovalutato la rilevanza delle nuove regole europee, e hanno perso l'occasione di intervenire a sostegno del mondo del credito finché era legittimo farlo. La Merkel, capo del paese con la migliore economia del continente, ha immesso 247 miliardi di euro nel sistema bancario tedesco. L'Italia, fino al 2016, zero. Perché non ce n'era bisogno, si è detto. Anzi, i soldi dei contribuenti italiani sono finiti a salvare le banche spagnole, visto che il governo di Madrid, senza far complimenti, pur di far ripartire l'economia iberica decideva di chiedere il sostegno europeo.

Nel momento chiave della contrattazione nel dicembre 2013 Enrico Letta festeggiava la nuova legislazione con un tweet inequivocabile: "Finita ora sessione Consiglio europeo. Approvata Banking Union. Per tutelare risparmiatori e evitare nuove crisi. Buon passo verso Ue più unita". Chi paga le conseguenze di questo entusiasmo? Chi viene dopo, ovvio. Ma perché non si è intervenuti quando ancora si poteva, e si doveva, farlo?

Quando arriviamo a Palazzo Chigi il dossier banche è uno di quelli più spinosi. Ci affidiamo quasi totalmente alle valutazioni e alle considerazioni della Banca d'Italia, rispettosi della solida tradizione di questa prestigiosa istituzione. E questo è il nostro errore, che pagheremo assai caro dal punto di vista della reputazione più che della sostanza.

Di mio insisto solo per inserire il decreto legge sulle banche popolari, per eliminare l'assurda regola del voto capitario – una testa, un voto – e introdurre il voto per quote. Se ciascun socio ha diritto a un voto, indipendentemente dalle azioni che possiede, il gioco sarà decisamente politico. E infatti le popolari sono per definizione banche in cui il rapporto con i dirigenti territoriali è molto forte. Troppo forte. Non sono poche le banche popolari in cui il presidente, o il direttore generale, occupa la stessa poltrona da lustri. In alcune circostanze vengono autorizzate operazioni spericolate, e il legame tra concessione del credito e attribuzione del voto in consiglio d'amministrazione è eccessivamente stretto.

Non sono certo il primo a pensare di intervenire su questo punto. Quando il ministro si chiamava Carlo Azeglio Ciampi e il direttore generale del Tesoro Mario Draghi – due nomi che non hanno certo bisogno di presentazioni –, il governo varò un progetto di riforma delle popolari per il superamento del voto capitario e per portare finalmente questi istituti di credito nella contemporaneità. Correva l'anno 1999, poco prima che Ciampi fosse eletto al Quirinale. Purtroppo il progetto venne bloccato dal parlamento e non se ne fece nulla. Passeranno sedici anni esatti di rinvii e di sottovalutazioni del problema. Provate a immaginare come sarebbe stato diverso il mondo del credito e come avremmo potuto risolvere i problemi delle banche popolari se si fosse intervenuti per tempo. Lo so, "del senno di poi son piene le fosse". Ma la politica non consiste solo nel risolvere i problemi, ma anche nel prevenirli.

In un mondo che corre, in un mondo in cui non si può perdere neanche un minuto, noi italiani abbiamo lasciato passare sedici anni per realizzare finalmente la riforma delle popolari, una delle pietre miliari nella storia del credito italiano, attuata grazie a un decreto del nostro governo, il numero 3 del 24 gennaio 2015. Una riforma che in futuro sarà – insieme al Jobs Act – il simbolo più forte del fatto che stiamo facendo sul serio, ma di cui nessuno o quasi ci riconosce il merito sul momento. Perché nel frattempo l'opinione pubblica è stata pilotata su un diversivo. Con una straordinaria campagna, si è messa al centro del dibattito non la vera questione del credito in Italia – le clamorose acquisizioni sballate di Antonveneta, lo scandalo delle banche pugliesi, le impressionanti follie consumate dalla Banca popolare di Vicenza o da Veneto Banca, con gli intrecci politico-economici collegati. No. Utilizzando tutte le armi possibili di distrazione di massa, il sistema si tuffa su un'unica vicenda: Banca Etruria.

La compagine aretina è una delle popolari in crisi. In parte le difficoltà del settore orafo, in parte gli errori del management hanno portato la banca al commissariamento, deciso dal nostro governo: tutto si può dire tranne che ci sia stato un trattamento di favore verso quel consiglio d'amministrazione. Ma tra i tanti nomi del Cda c'è anche, quale vicepresidente senza deleghe esecutive, il padre del ministro Boschi. Per il quale valgono le stesse, identiche, regole degli altri, come è ovvio: commissariamento e sanzione. Ma la sua sola presenza basta a far scattare la polemica contro il governo "amico dei banchieri".

Banca Etruria si trova al centro di una diatriba costante, quotidiana, puntuale. E quando per Etruria, come per Marche, Ferrara e Chieti si apre la procedura di liquidazione, il dibattito si incendia. Anziché contestare le modalità tecniche – su cui molto è ancora da dire e da scrivere –, ci si concentra su un presunto conflitto di interessi, ignorando che il comportamento del governo è trasparente e cristallino: nessun favoritismo. Anzi. Ma alla vicenda di Banca Etruria tra novembre 2015 e gennaio 2016 i giornali italiani dedicheranno più articoli che alle altre tre banche messe insieme, facendo passare in secondo piano scandali ben più gravi relativi al mondo del credito; i pezzi riservati alla vicenda dalla stampa italiana saranno addirittura più numerosi di quelli sui terribili fatti del Bataclan, che accadono più o meno nelle stesse settimane.

Non sottovaluto la questione delle obbligazioni subordinate di Banca Etruria – che vengono peraltro in larga misura risarcite come quelle degli altri istituti di credito –, ma credo che la spropositata attenzione dedicata a questo tema risponda al desiderio di attaccare il governo su un fronte oggettivamente delicato. Perché noi ci troviamo a gestire le conseguenze di una terribile crisi bancaria, con regole europee discutibili approvate dai nostri predecessori, con una clamorosa irresponsabilità dei manager o presunti tali del passato, con la necessità di fare una verifica su come hanno funzionato le istituzioni preposte al controllo. E anziché fare un ragionamento complessivo sul sistema bancario italiano, si preferisce concentrarsi su un particolare, facendo credere che tutti i problemi del sistema bancario italiano nascano ad Arezzo.

Verrebbe da dire: magari fosse così. Magari fosse stato quello il nostro problema. Ma la questione bancaria italiana non ruota intorno a Etruria. Risale a molto prima. A cominciare dalle complicate vicende del Monte dei Paschi che nel 2008 acquista Antonveneta a un prezzo incredibile, facendo la fortuna del Banco di Santander, e speriamo solo del Banco di Santander. Gli intrecci del sistema finanziario italiano sono impressionanti e tutti ancora da chiarire: c'è da augurarsi che la Commissione d'inchiesta sulle banche recentemente istituita dal parlamento possa fare piena luce su ciò che è avvenuto negli ultimi anni.

Ovviamente ci sono figure straordinarie che assicurano forza e solidità al nostro sistema di credito. A cominciare da Mario Draghi – formatosi al ministero e alla Banca d'Italia, dopo esperienze vincenti nel privato – che guida con lungimiranza e intelligenza la Bce. Per proseguire con amministratori delegati coscienziosi e competenti, arrivando fino a impiegati di piccole banche del territorio che mostrano tutta la loro dedizione e professionalità. Guai dunque a generalizzare, guai a fare di tutta l'erba un fascio: l'Italia delle banche ha anche mille storie positive da raccontare.

Dispiace che la grande stampa italiana, o parte di essa, abbia preferito adottare la politica dello struzzo, nascondendo la testa sotto la sabbia anziché aprire una discussione vera sulla complicata vicenda del sistema bancario. Si è preferito evitare una riflessione critica sugli ultimi quindici anni, forse perché molti dei gruppi editoriali hanno avuto rapporti decisamente stretti con gli istituti di credito protagonisti di queste vicende. Questa è un'altra delle questioni che potranno agevolmente essere chiarite nei prossimi mesi grazie alla Commissione d'inchiesta parlamentare sulle banche. E si è scelto in alcuni casi di guardare il dito mentre il saggio indicava la luna. Questo è stato il caso, emblematico, dell'ex direttore del "Corriere della Sera" e del "Sole 24 Ore", Ferruccio de Bortoli.

Prima di conoscerlo personalmente, consideravo De Bortoli uno straordinario giornalista *british style*. Lo seguivo elegante in tv, ne divoravo gli editoriali, mi sembrava un modello per quei giovani cronisti che amano il giornalismo d'inchiesta. Mi sono presto reso conto, tuttavia, che non era oro tutto quel che luccicava. E che proprio uno come De Bortoli, che dovrebbe essere affezionato a quella straordinaria massima scolpita nel frontespizio del "Guardian" dal 1821 ("Il commento è libero ma i fatti sono sacri"), a volte sceglie invece di anteporre il proprio giudizio alla realtà dei fatti.

In particolar modo capisco di essere finito sul libro nero del direttore quando mi commina l'accusa più infamante che possa esistere per un ragazzo nato e cresciuto in parrocchia: quella di essere legato ad ambienti segreti, portando con me "uno stantio odore di massoneria". Nella mia famiglia Tina Anselmi e

Benigno Zaccagnini erano i modelli politici presentati ai figli, ti immagini parlare di massoneria in casa nostra? Neanche all'asilo mi sono messo mai il grembiulino.

Sentirmi accusato di questo da uno che ha fatto per quasi vent'anni il direttore del "Sole" e del "Corriere" mi lascia senza parole. Mi sembra difficile negare che storicamente la massoneria abbia avuto maggiore influenza nelle sedi di quei giornali che nelle parrocchie valdarnesi.

Eppure De Bortoli è capace di mettere in prima pagina i presunti finanziamenti di Banca Etruria al mio birrificio di fiducia (ignorando che io non bevo birra e non conosco l'azienda di cui si parla) e di definirmi *caudillo* (che è l'equivalente spagnolo di duce o Führer), espressione condita con "maleducato di talento". Che, detto da uno che ti ha appena dato del dittatore, va inteso probabilmente come un complimento. Solo che io, cresciuto leggendo Chesterton, sono affezionato alla sua frase in cui definisce la democrazia come il governo dei maleducati e l'aristocrazia come il governo degli educati male. Mai stato aristocratico, io. Mi domando come la legittima e doverosa critica possa degenerare nell'ossessione personale, dalle birre al *caudillo*, dalla massoneria alla maleducazione.

Ma la contrarietà di De Bortoli non si ferma a me: due episodi che riguardano due amici e collaboratori, quali Marco Carrai nel primo caso e Maria Elena Boschi nel secondo, lo confermano.

Nell'ottobre del 2016 De Bortoli scrive che Carrai si sarebbe personalmente intromesso nella scelta del nuovo amministratore delegato del Monte dei Paschi di Siena attraverso un sms indebito, del quale il direttore sarebbe a conoscenza. Si tratta di un falso per il quale lo stesso De Bortoli sarà nei giorni successivi costretto a scusarsi pubblicamente. Ma intanto il danno, non solo di immagine, è fatto. È un clamoroso scivolone – che successivamente lo stesso De Bortoli ridimensionerà –, perché l'sms di Carrai era un semplice augurio di buon lavoro, inviato dopo la nomina al banchiere designato.

Nel maggio 2017, per lanciare il suo libro fresco di stampa, il giornalista svela un presunto scoop – poi derubricato a "fatto normale" per ammissione stessa dell'autore – secondo cui il ministro Boschi avrebbe richiesto un non meglio precisato impegno all'allora amministratore delegato di Unicredit Ghizzoni per studiare il salvataggio di Banca Etruria e delle altre banche a rischio liquidazione.

Come se non fosse evidente agli addetti ai lavori che tutti gli amministratori delegati delle banche italiane conoscevano perfettamente la difficile situazione di alcune banche popolari su cui da tempo Banca d'Italia e il ministero avevano acceso un particolare riflettore. Chiedere a Ghizzoni di studiare il dossier Banca Etruria sarebbe stato come minimo ridondante visto che era un dossier che stavano studiando tutti, a cominciare da chi in Banca d'Italia ancora nel 2014 immaginava senza troppa lungimiranza di poter convincere Arezzo ad affidarsi a Banca popolare di Vicenza (che già allora versava in difficoltà molto serie, che oggi sono sotto gli occhi di tutti e a cui si è risposto con un salvataggio da parte dello stato).

Ma il dossier popolari, il dossier Etruria erano sotto gli occhi di tutti: non c'era certo bisogno che lo dicessero Ghizzoni o Boschi. Eppure De Bortoli, in passato dimostratosi prudente su molte operazioni bancarie dei primi anni duemila, decide che l'incontro tra un ministro e l'amministratore delegato di una delle principali banche del paese, peraltro molto esposta sull'aumento di capitale di Vicenza, sia la notizia intorno alla quale lanciare il proprio libro su quarant'anni di poteri forti. Nessun giornalista osa entrare in contraddittorio con il proprio collega, "megadirettore galattico". A meno che questo giornalista non si chiami Giuliano Ferrara. Il quale è l'unico a cogliere quello che secondo me è il significato autentico del costante attacco di De Bortoli. E risponde con due pezzi diversi. Il primo prende spunto dall'sms di Carrai:

> Va bene, Renzi non ti piace, e questo è più che legittimo [...] ma come si fa a paragonare questi "ragazzotti" alla P2 e alla massoneria? [...] Siamo una società aperta [...] o siamo una specie di società morale in accomandita di proprietà della solita, sempre la stessa, famiglia bancaria-editoriale? [...] La tua piccola inquisizione contro Carrai sapeva di pregiudizio politico e castale, il che non va bene.

Nessuno lo ha mai scritto meglio: pregiudizio politico e castale. Che torna a proposito del presunto scoop:

> Quello che proprio mi eccita è che il direttore più intrinseco al potere bancario che si sia mai conosciuto sulla faccia del pianeta Terra, il generoso ideologo passato dal manifesto inteso come giornale al Capitale inteso non come libro ma come accumulazione e investimento e rapporto sociale in un percorso peraltro professionalmente onorevole, il potenziale conflitto di interessi personificato, il nostro FdB, ha scoperto dove si annida il gioco più o meno piduista degli interessi inconfessabili, nella famiglia Boschi, naturalmente ad Arezzo.

Il compito della politica oggi è dipingere gli scenari futuri. Non servono giri di parole. La banca come la conoscevamo fino a ieri – filiale, impiegati, direttore che conosce il territorio e decide a chi dare credito e a chi no – è destinata a un profondo mutamento. I parametri di Basilea, le regole europee, la trasformazione dell'economia del pianeta stanno cambiando radicalmente il modo di fare banca. Le proprietà immobiliari serviranno ancora, ma probabilmente in maniera diversa. La forza lavoro servirà ancora, ma non solo nei modi tradizionali. Il mondo cambia, anche per le banche.

Il mondo cambia, dappertutto.
La più grande società immobiliare al mondo si chiama Airbnb. Quando a San Francisco ho incontrato il suo fondatore, mi ha detto con orgoglio: "Caro Matteo, noi il 31 dicembre scorso abbiamo ospitato in una notte due milioni di persone". Eppure Airbnb non possiede alcuna abitazione.
Più che su elementi concreti, nel mondo che stiamo costruendo tutto ruoterà intorno ai dati, i *big data*. Per fare un esempio, se a New York fai la spesa su Amazon Fresh, quando entri nel sito e ti accrediti Amazon conosce già il 90% di quel che comprerai, perché sa molto di te, avendo i tuoi dati profilati e gestiti in cloud.
Perché scrivo tutto questo? Per dire che forse le banche – e, aggiungo, le assicurazioni – nel futuro dovranno pensare al conto corrente più come a una commodity, qualcosa che viene offerto al cliente in modo standardizzato, e che, senza rinunciare all'aspetto fisico e umano, viene gestito come un grande cloud. Dovranno essere capaci di contenere non solo i soldi del correntista ma anche i suoi dati, definendo attraverso analisi predittiva e capacità concreta proposte puntuali rispetto allo stile di vita o alle esigenze del cliente. La finanza – ce lo insegna la storia, a cominciare da quella fiorentina – altro non è che il mezzo che permette all'impresa di raggiungere i suoi obiettivi, e la banca ha sempre custodito ciò che si ha di più prezioso. Oggi ciò che si ha di più prezioso, oltre ai soldi, sono i dati. Monetizzarne l'utilizzo a favore del cliente non è più fantascienza.

Ragioniamo davvero del futuro, a cominciare dal programma per la prossima legislatura sulla moneta elettronica e sull'innovazione. Se però si vuole discutere ancora di passato, noi non abbiamo niente da nascondere. I grandi esperti, che non si sono accorti di ciò che accadeva nel mondo del credito mentre noi andavamo ancora all'università, possono dire altrettanto?

Terzo punto, positivo: il lavoro
In un paese come il nostro, in cui il primo articolo della Costituzione dice che la Repubblica è fondata sul lavoro, ma tante pagine di esperienza vissuta dicono che la comunità affonda sulla rendita, decidiamo di mettere mano a un progetto organico per l'occupazione. Non mi convince infatti chi parla di reddito di cittadinanza: la soluzione non è dare un sussidio a tutti, non è l'assistenzialismo, non è promettere a tutti di avere soldi senza fare fatica. La soluzione è creare le condizioni per tornare a investire sul lavoro. Quando arriviamo a Palazzo Chigi i numeri della crisi occupazionale sono devastanti. La disoccupazione è al 13%, quella giovanile al 46%, le ore di cassa integrazione raggiungono cifre vertiginose, le crisi aziendali non si contano più.
Ci mettiamo al lavoro con passione. Grazie alla collaborazione di tutti, sindacati e imprenditori, ma soprattutto grazie alla regia della viceministra Teresa Bellanova, affrontiamo e risolviamo moltissime situazioni di crisi occupazionale. Teresa è stata bracciante agricola, viene dalla Cgil e sta all'opposizione della mia candidatura al congresso: difficile pensare a una persona più distante da me. Ma mi colpisce molto. Così le affido incarichi sempre più importanti.
Decido di girare come un ossesso le piccole e medie aziende italiane, straordinarie. Trovi il patron ottantenne che ti carica sul muletto e ti porta a fare un giro in azienda. Ti racconta tutto della famiglia di "quell'operaia là, poveretta, che io ero amico del papà che adesso non c'è più, un brutto male". E di quell'operaio che "viene dalla Nigeria e gli voglio bene, anche ai suoi bambini, anche se ne ha fatti cinque, ora gli compro il televisore". E mentre gira guidando il muletto ti spiega che quell'ingegnere ha brevettato uno strumento che non ha nessun altro al mondo. "E allora abbiamo fatto l'accordo con il Politecnico, che io ho fatto la terza media ma sono contento perché i miei figli sono tutti lau-

reati." E ogni cinque minuti: "Ma che onore avere qui il presidente del Consiglio, mi sembra incredibile".
A me sembra normale che chi guida il governo sia lì. Perché in realtà il paese lo hanno costruito più persone così, in questi anni, che i salotti romani. A questa gente serve poco, perché sanno fare tutto da soli. È da generazioni che fanno business, e ottengono risultati incredibili, soprattutto al Nord. Sono abituati a rimboccarsi le maniche, a conquistare mercati, a vincere sfide globali senza l'aiuto della politica. Talvolta nonostante la politica.

Penso a cosa potrà accadere se finalmente semplificheremo il sistema: queste aziende voleranno.

E infatti basta una norma di semplificazione del mercato del lavoro, il Jobs Act, per ottenere 800.000 posti di lavoro in più e dimezzare le ore della cassa integrazione. Basta poco. Basta dare fiducia. Basta scommettere insieme alle imprese e non contro.

Questo aiuta davvero i lavoratori. Perché a creare i posti di lavoro non sono i convegni: sono le imprese. Gli imprenditori seri del resto sanno che un'azienda funziona meglio se esiste un sistema di welfare interno, se si mettono a disposizione dei dipendenti l'asilo nido, una palestra, se si offre loro la possibilità di conciliare i tempi casa-lavoro, di ottenere l'assicurazione per la malattia grave, la borsa di studio per il figlio che magari, grazie al suo sudore, non farà l'operaio ma arriverà alla laurea. I sindacati più avveduti sono già su questa linea e puntano a migliorare la qualità della vita nelle aziende, non a bloccare tutti su polverosi tavoli di discussioni inutili.

Ho un rapporto di forte tensione con una parte del sindacato italiano, che ho accusato di pensare più alle battaglie ideologiche che alla realtà. Naturalmente, ci sono sindacati e sindacalisti illuminati, ma sono troppe le sigle e troppi i permessi sindacali (subito dimezzati dal mio governo, ma ancora non a sufficienza). Fai l'incontro con i tassisti e si presentano ventuno sigle sindacali. Fai l'incontro con le forze dell'ordine e ti perdi nell'universo di microrappresentanti: quando convoco i delegati dei sindacati delle forze di polizia per parlare degli 80 euro, del riordino delle carriere e dei rinnovi contrattuali, mi trovo di fronte oltre centocinquanta persone.

Più il sindacato è diviso e spezzettato, più diventa organizzazione burocratica concentrata su interessi particolari e non su una visione strategica. Lo stesso problema dei partitini in politica. Simbolo di questa assurda autoreferenzialità è lo sciopero fissato regolarmente di venerdì mattina, destinato a soppiantare nella mitologia persino la febbre del sabato sera. Ma è mai possibile che nei mesi primaverili ed estivi ogni venerdì ci sia uno sciopero dei trasporti di qualche microsigla sindacale? Essere di sinistra non significa proteggere le microsigle sindacali, ma i cittadini.

Ci sono sindacalisti con cui ho un rapporto di amicizia, come il leader della Fiom Maurizio Landini. La pensiamo in modo diametralmente opposto su molte cose, ma ci piace discuterne, appassionarci, litigare. Qualche volta accogliamo una riflessione dell'altro, più spesso restiamo sulle nostre posizioni di partenza. Landini sarà uno di quelli del fronte del No che il giorno dopo il referendum mi scriverà un messaggio gentile, uno dei più affettuosi e civili. Perché i rapporti umani contano anche e soprattutto quando non si va d'accordo. Ma sul Jobs Act la posizione di Landini è per me profondamente sbagliata.

Il Jobs Act nella mia ottica ha il senso di riposizionare la sinistra dove deve stare: a difesa dei lavoratori, non a difesa dei simboli. Perché l'articolo 18 è solo il simbolo di un mondo che non c'è più: il 1970 è lontano anni luce. In questi decenni ci siamo smarriti, senza rendercene conto. Abbiamo perso il radicamento nella società. Non possiamo ignorare l'ansia di un piccolo imprenditore che si reca in banca con il batticuore perché ha ricevuto una telefonata del funzionario che, tra Basilea 2, Eba e Ecb, gli impone il rientro. Se non siamo lì, accanto a quel piccolo imprenditore, dove possiamo essere? Dovremmo capire la malinconia di una ragazza che finalmente ama il ragazzo giusto, vuole un figlio, ma sa che con due contratti precari il mutuo per la casa è un'utopia. Se non siamo lì, accanto a quella ragazza, dove possiamo essere? Dovremmo conoscere la frustrazione di un neolaureato che viene da una famiglia normale quando sa che quel concorso universitario non è il caso di farlo perché "sì, è vero, i titoli li avresti, ma questo concorso sai che non è per te, è il prossimo quello giusto, forse, lo sai come funziona, non ti mettere di traverso". Se non siamo lì, accanto a quel neolaureato, dove possiamo essere? Impegnati a organizzare convegni e strutturare correnti, per troppo tempo non abbiamo frequentato più questa disperazione. Per questo oggi dobbiamo trovare formule nuove.

Il Jobs Act non è la soluzione a tutti i problemi, ma garantisce più diritti e più semplicità. Anche una maggiore semplicità di licenziamento per l'imprenditore, è vero, che però si traduce in una maggiore libertà di assunzione; infatti le imprese preferiscono produrre meno con meno persone anziché rischiare troppo. Il Jobs Act prevede poi maggiori tutele per chi perde il posto di lavoro, le politiche attive, il divieto di dimissioni in bianco (un atto diffuso e scellerato contro le donne e la maternità).

"Aumenteranno i licenziamenti con le vostre misure a favore dei padroni," gridano presunti esperti dall'alto delle loro certezze ideologiche. Accade il contrario. Aumentano i posti di lavoro, quelli stabili, crescono i mutui, riparte la fiducia, si moltiplicano gli investimenti stranieri. Landini minaccia di occupare le fabbriche, ma finisce con l'occupare solo gli studi televisivi. Sono le fabbriche che tornano a occupare i lavoratori, non i sindacalisti a occupare le fabbriche. E molti esponenti del mondo sindacale lo colgono per primi, aiutandoci con passione a valorizzare gli aspetti positivi delle riforme. Perché le fabbriche riaprono, a cominciare da Mirafiori e da Pomigliano d'Arco, storici centri della Fiat. Ah, certo, la Fiat, dunque Marchionne. Nemico dichiarato dei nemici del Jobs Act. Lo difendo a spada tratta, e subito vengo accusato di essere nemico del popolo, schiavo degli interessi consolidati, succube degli Agnelli. Sopporto tutto, finché un giorno mi dicono che forse sono anche juventino. "Questo no, eh. Se la buttate sul personale, allora facciamo i conti."

A me Marchionne ha convinto non perché mi piacciono i golfini blu. Marchionne ha salvato la Fiat e ha garantito la ripresa dell'occupazione nel settore dell'auto in Italia, cosa che qualche anno fa non era così scontata. Uno che decide di fare le Jeep in Basilicata (quando ho visitato la fabbrica ho ammirato quello che Marchionne chiama "il farfallone di Melfi", un macchinario che è uno spettacolo di ingegneria, tutto made in Italy) e riesce a venderle in America ha qualità evidenti. L'ho difeso quando tutti gli davano addosso, e mi divertivo a portarlo a esempio nel Pd quando bastava parlar male di lui per far scattare un applauso, dal circolo con nove iscritti all'assemblea nazionale. Sono andato a trovarlo anche a Detroit, dove grazie a un accordo con Obama ha rimesso in piedi la Chrysler e dove abbiamo rischiato l'incidente diplomatico: quando arrivo – accompagnato da mia moglie – Marchionne scopre che Agnese di cognome si chiama Landini. "Non mi dirà mica che è parente, vero?" No, non è parente.

Ci sono due Fiat: c'è quella che chiede soldi agli italiani e quella che fa fare soldi all'Italia. Quella di trent'anni fa, dei Romiti che privatizzavano gli utili e pubblicizzavano le perdite con la cassa integrazione, e quella di oggi. Io preferisco questa, ecco. Certo, la Fiat che trasferisce la sede fiscale nei Paesi Bassi non piace a nessuno, come non piacciono analoghe operazioni di molte altre aziende, italiane e non solo. Occorre però essere franchi: il nodo politico va posto a livello europeo.

Non è accettabile che ci siano vincoli di bilancio stringenti per tutti e allo stesso tempo regole fiscali che consentano ad alcuni paesi, che pure sono amici e con i quali lavoriamo bene, di essere a tutti gli effetti dei paradisi fiscali. Lussemburgo, Irlanda, Olanda sono nazioni meravigliose, legate all'Italia da rapporti di antica amicizia. Aggiungo, per quello che vale, che stimo molto tutti e tre i primi ministri attualmente in carica e che ho combattuto con loro battaglie importanti in sede europea.

Non è pensabile che l'Europa ci dica tutto di tutto, metta il naso nel modo di pescare o di fare il vino, di confezionare il gelato o di fare artigianato, e poi sui sistemi fiscali valga un "liberi tutti" che non può reggere in prospettiva. Il sistema di tassazione in Europa dev'essere più uniforme e le regole imposte ai paesi membri devono mirare ad attrarre capitali dal mondo, senza rischiare di innescare guerricciuole interne tra singoli stati. Anche di questo l'Europa deve parlare di più e meglio.

Accanto alla discussione europea c'è comunque un dato di fatto: il lavoro è la cifra del Pd. Noi siamo il partito del lavoro, o non siamo noi stessi. Ma questo significa prendere le distanze in modo netto e inequivocabile da chi si accontenta di essere il partito delle microsigle sindacali, di sterili convegni sulla disoccupazione, dei sussidi e dell'assistenzialismo.

Quarto punto, negativo: la scuola
Non c'è stata per me ferita più grande di quella che ha lasciato la cicatrice con sopra scritto "scuola". Per me la scuola è il motore di tutto. Sia in Provincia che in Comune, tutte le settimane visitavamo un edificio scolastico del territorio. In qualsiasi ruolo mi sia trovato, ho sempre aumentato i fondi per l'educazione.

Ho investito sulle attività collaterali, dai viaggi della memoria al teatro per bambini, perché penso che la scuola sia la più grande frontiera del nostro tempo, il luogo più importante della città.

Quando si è trattato di riformare la scuola, abbiamo stanziato tre miliardi di euro per risolvere i problemi del precariato che avevamo ereditato dai predecessori, abbiamo sbloccato una cifra ancora superiore per l'edilizia scolastica, investendo nella centralità politica del tema scuola dopo che per anni esso era stato percepito come un argomento da addetti ai lavori. Quasi cinque miliardi di euro sono già stati assegnati agli enti locali, abbiamo aperto oltre settemila cantieri di cui cinquemila già chiusi, più di trecento scuole totalmente nuove, tutti gli interventi monitorati e open data per qualsiasi cittadino voglia curiosare sul web. Vorrei un confronto all'americana con chiunque su questi temi: nessuno ha mai messo tanti soldi come noi sulla scuola e sull'edilizia scolastica.

Eppure non ha funzionato. E mi dispiace, molto. Ma non mi arrendo. Perché la scuola rimane il luogo, non un luogo. In un mondo dove c'è chi immagina che l'intelligenza artificiale la possa fare da padrona, noi abbiamo bisogno di un luogo di giustizia e di opportunità che educhi i nostri ragazzi a vivere le emozioni, i pensieri profondi, la curiosità come fattori trascinanti della propria libertà. Ci credo oggi più di ieri.

Che cosa abbiamo sbagliato? È ancora presto per una verifica puntuale. È vero, ci sono stati problemi nei trasferimenti degli insegnanti, e soprattutto l'algoritmo utilizzato ha prodotto un autogol. È anche vero, però, che non si era mai vista una così poderosa immissione in ruolo, finalizzata ad assicurare continuità formativa ai ragazzi e a rispettare un diritto soggettivo degli insegnanti. E se ci sono più ragazzi al Nord che al Sud e più professori al Sud che al Nord, qualcuno si dovrà pur spostare. E quel qualcuno è logico che sia il professore, che certo non può essere definito "deportato" per questo. Usare quell'espressione è squallido, non solo per chi conosce la storia. Non mi interessa riaprire la polemica del passato, guardiamo al futuro. Un nodo concreto da affrontare nei prossimi anni può aiutare anche il rientro di alcuni professori. Mi riferisco alla percentuale di tempo pieno che al Sud è ancora troppo bassa. Il tempo pieno è stato introdotto quasi mezzo secolo fa, nel 1971. Ma la disuguaglianza geografica che divide in due l'Italia si fa in questo campo particolarmente insopportabile. Su un milione di ragazzi che usufruiscono di questo diritto (nel 2017 sono per la precisione poco più di 948.000), il 58% vive al Nord, il 25% al Centro, il 12% al Sud e solo il 4% nelle Isole. In terza media un bambino di Palermo ha cumulato due anni di scuola in meno di un coetaneo milanese. Benissimo intervenire per sostenere le meravigliose esperienze educative del quartiere Zen di Palermo o andare nella scuola che adesso porta il nome di padre Pino Puglisi, sacerdote martire della mafia, dove ammetto di essermi emozionato. Ma se c'è questa differenza, siamo in presenza di una ferita inaccettabile al diritto all'uguaglianza sostanziale.

Si dirà che ci sono ragioni storiche, educative, sociali, familiari, sindacali. Tutto vero, tutto giusto. Ma queste ragioni nascono dalle esigenze degli adulti, non dai bisogni formativi dei bambini. Un bambino che vive in zone difficili ha più bisogno di stare a scuola. Il tempo pieno – che dovrebbe essere di minimo 32 ore al Sud – ha come corollari la possibilità di impiegare di più e meglio i docenti del Mezzogiorno lasciandoli al Sud, mitigando così i problemi di uno dei punti più controversi della riforma. L'educazione è il primo fattore di abbattimento delle disuguaglianze. Più tempo a scuola significa più opportunità per molti ragazzi del Sud, che altrimenti sono svantaggiati rispetto ai connazionali del Nord. Una scuola aperta anche d'estate, anche di pomeriggio, è un presidio culturale sul territorio molto prezioso, specialmente nei quartieri di frontiera.

Sui temi oggetto della riforma della Buona scuola si è combattuta una battaglia talvolta ideologica. Difficile negare l'utilità dell'alternanza scuola-lavoro che in paesi come la Germania e l'Austria funziona benissimo: casomai dobbiamo impegnarci per rendere le occasioni offerte ai ragazzi davvero utili e di qualità. Il dibattito sui poteri del dirigente scolastico risente di un rancore ideologico che poteva essere comprensibile negli anni settanta, non oggi. Certo, bisogna avere dei dirigenti scolastici capaci, dare loro occasioni costanti di formazione, seguirli e aiutarli. Ma questo vale per tutta la dirigenza pubblica italiana, a maggior ragione per quella scolastica. Come si fa poi a contestare l'impegno per una maggiore diffusione della musica e delle lingue straniere, per le materie legate all'identità culturale italiana, l'attenzione alla formazione e alla scuola dell'infanzia, sul modello che in tutto il mondo studiano, quello di Reggio Emilia? Non a caso è stato proprio al Centro Loris Malaguzzi di Reggio Emilia che da presidente del Consiglio ho annunciato che avevamo trovato le risorse per completare la riforma della scuola dell'infanzia e il percorso zero-sei del bambino.

E, comunque, quei professori che boicottano l'Invalsi dicendo che il proprio lavoro non va giudicato sono sempre meno e la cultura meritocratica si fa strada giorno dopo giorno dentro la scuola. Perché i professori italiani sono tra i migliori al mondo. Devono però anche loro essere aiutati a uscire da una cultura della lamentazione e della rassegnazione, che certo deriva da condizioni oggettive (per troppi anni la scuola è stata considerata il fanalino di coda) ma che vede finalmente le cose cambiare: noi ascolteremo di più ma non potremo permettere a nessuno di bloccarci dicendo: "Si è sempre fatto così, non cambieremo mai". Perché il merito, piaccia o no, dovrà entrare sempre di più anche nella valutazione delle scuole: l'uguaglianza non può essere confusa con l'egalitarismo di matrice sessantottina. Vogliamo una scuola che punti al 10, non al 6 politico. E vogliamo costruirla insieme a quei professori, la stragrande maggioranza, che danno l'anima per i propri ragazzi.

La mia impressione è che, al netto di tutto quello che è discutibile nel merito della riforma, ciò che ha dato più fastidio sia stato il metodo. Che pure si era aperto con una fase di ascolto durata un anno, ma che evidentemente non ha funzionato come avremmo voluto. Via via che si calmeranno le acque sarà più chiaro che la riforma della Buona scuola contiene molteplici spunti positivi, alcuni quasi storici. Ma ciò non ci esime dal verificarne le criticità.

Uno studioso che stimo molto come Massimo Recalcati ha deciso di dedicare il suo intervento al Lingotto 2017 proprio ai temi critici della scuola. Ha contestato il nostro linguaggio, forse un po' troppo aziendalista. Ha criticato il modo di porsi nel rapporto con questo mondo decisivo. Recalcati usa, per sottolineare l'importanza dell'istruzione, un'immagine potente: la foto di un libro che, posto sotto alcuni mattoni di un muro, lo incrina. Lo scardina. Il libro che è più forte del muro, che costringe il muro a piegarsi. È una straordinaria metafora del nostro tempo e della nostra Europa. Forse del ruolo che l'Italia deve avere nell'Europa, che dopo quasi trent'anni dal crollo della Ddr e del Muro di Berlino torna a ipotizzare, progettare, costruire muri. La scuola è il libro che incrina il muro.

Ma bisogna avere il coraggio di far tesoro degli errori. Alcuni anche miei, personalissimi.

Dopo le dimissioni da Palazzo Chigi accompagno i miei figli in un lungo sabato pomeriggio calcistico. Casualmente giocano uno dopo l'altro nello stesso campo, e dunque posso vederli entrambi senza la necessità di correre da una parte all'altra della città come succede altre volte. Mi accomodo sulle tribune del glorioso campo sportivo dell'Affrico, zona Firenze Sud, e mi rendo conto di essere invecchiato: nel giro di qualche minuto tre ragazzi che saranno oggi liceali o universitari mi si avvicinano e, dopo l'immancabile selfie, mi ricordano con dovizia di particolari la visita fatta nelle loro scuole, tre diverse, negli anni in cui ero sindaco.

A quel tempo entravo nelle aule e cercavo di ritagliare un'ora di educazione civica parlando di Firenze, della sua storia, del suo futuro, della necessità di tenerla in ordine, a partire dai bagni delle scuole fino alle cartacce in piazza. Naturalmente non posso ricordare i singoli momenti dell'incontro con quei tre ragazzi, profondamente cambiati da quando erano bambini. Ma loro si ricordano tutto, anche le battute e le domande che facevo.

Per loro ricevere la mia visita – la visita del sindaco, dell'istituzione – nella loro scuola è stato importante. Gli ha trasmesso il senso della centralità dell'educazione nella propria vita e dell'importanza del lavoro delle loro maestre, dei loro professori. Anche per questo non mi stancherò mai di incoraggiare i sindaci – di qualsiasi schieramento – a entrare nelle scuole, senza colore politico ma con la voglia di dialogare, ascoltare, confrontarsi. Un sindaco è in una sorta di stato di grazia se mette al centro la comunità e non il proprio partito.

Quando sono diventato presidente del Consiglio ho deciso di replicare il modello sindaco. Sono stato in una scuola di Secondigliano a Napoli, dove poi abbiamo rimesso a posto la palestra e il teatro, a Siracusa, a Milano. Sono stato nella scuola di Genova intitolata a una giovane agente di polizia, Emanuela Loi, dove la cerimonia di dedica ha visto la presenza del capo del governo in segno di rispetto per gli studenti e per i professori, certo, ma anche per tutti quelli che vestono una divisa e un'uniforme. Emanuela era l'unica donna nella scorta di Paolo Borsellino ed è morta con lui nella strage di via d'Amelio. Il fatto che dei professori di qualità scelgano di dedicare alla Loi una scuola mi colpisce. Prendo l'aereo, mi fiondo a Genova e porto la presenza del governo perché – semplicemente – è giusto così. Dopo una canzoncina che mi cantano i bambini di Siracusa le opposizioni si scatenano. La canzoncina, preparata in qualche ora dall'insegnante di musica, diventa lo strumento per dire che noi inculchiamo la propaganda fin dalle elementari. E io, che detesto chi strumentalizza i bambini, interrompo le mie visite alle scuole per evitare polemiche. È stato un grave sbaglio. Se mi capiterà di avere ancora incarichi istituzionali, tornerò nelle aule come se fossi un sindaco. A dialogare, a discutere, a ricevere critiche e suggerimenti. A ripetere a quei bambini, che domani saranno uomini e donne, che l'Italia ha un futuro solo se riparte dalla scuola.

Quinto punto, positivo: i cantieri
Appena eletto, inizi a *fare* il sindaco. Ma dopo un po' smetti di fare il sindaco: *sei* il sindaco. Passare dal fare all'essere implica una trasformazione profonda. Se sei il sindaco, lo sei per sempre. Non come carica, intendo: fortunatamente esiste il limite dei due mandati. Lo sei come forma mentis. Raccogli le cartacce per strada, chiunque le abbia gettate. Non ti domandi più se l'autobus sarà in orario, ma quale sia il problema logistico che sta facendo ritardare l'autobus. Non potrai guardare un albero della tua città senza controllarne le radici, nel timore che cada all'improvviso o che faccia danno al manto stradale. Non potrai più giustificarti con gli amici dicendo che hai fatto tardi per colpa del traffico, perché se è colpa del traffico è comunque colpa tua. Insomma il sindaco è uno stato dell'anima, più che uno stato d'animo.

C'è una cosa che attrae un sindaco come la marmellata attrae i bambini: il cantiere, con i suoi tempi, con i suoi ritardi. In questo rapporto così speciale con il cantiere, il sindaco è secondo forse solo al pensionato della zona, che passa tutti i giorni a vedere se gli operai ci sono, se lavorano, se stanno troppo al telefono, per farne poi un'accurata relazione alla cronaca locale.

Come ho già avuto modo di ricordare, a Palazzo Chigi ho portato il mio abito mentale da sindaco. Per prima cosa, ho scritto agli ex colleghi chiedendo di sbloccare il patto di stabilità sulle scuole. Abbiamo poi stanziato soldi per gli impianti sportivi, gli asili nido, le periferie, le metropolitane, in una misura che mai in passato si era vista in questo settore.

Ho iniziato a fare i sopralluoghi nei cantieri almeno un paio di giorni al mese. Ho stretto centinaia di mani, scattato selfie e raccolto preoccupazioni.

Per chi lavora nei cantieri il piano infrastrutturale non è un documento burocratico: significa sapere se tra uno o due anni potrà ancora portare a casa uno stipendio. Finisce la Salerno-Reggio Calabria e ti chiedono della Statale 106 Jonica. Finisce il Quadrilatero Marche-Umbria e ti chiedono dell'Alta velocità ferroviaria sull'Adriatico. Finisce la Variante di valico e ti chiedono del Tunnel del Brennero. Questa è gente che sa fare bene il proprio lavoro. La qualità italiana, anche nelle infrastrutture e nelle costruzioni, è troppo spesso sottovalutata.

Sono stato a vedere tunnel in Australia, metropolitane in Perù e Arabia Saudita, dighe in Africa e ponti in Turchia, strade in Russia: ovunque gli italiani sono competitivi. Perché i nostri ingegneri sono bravi, i nostri operai sono bravi, i nostri imprenditori sono bravi. Noi ci piangiamo addosso, ma i nostri sono capaci di fare di tutto. Nelle mani di quegli operai non c'è solo l'abilità, ma anche il senso del dovere. Possiedono la stessa delicata tenacia degli impagliatori di sedie di cui Charles Péguy parla in questo bellissimo passo:

> Ho veduto, durante la mia infanzia, impagliare seggiole con lo stesso identico spirito, e col medesimo cuore, con i quali quel popolo aveva scolpito le proprie cattedrali. Un tempo gli operai non erano servi. Lavoravano. Coltivavano un onore, assoluto, come si addice a un onore. La gamba di una sedia doveva essere ben fatta. Era naturale, era inteso. Era un primato. Non occorreva che fosse ben fatta per il salario, o in modo proporzionale al salario. Non doveva essere ben fatta per il padrone, né per gli intenditori, né per i clienti del padrone. Doveva essere ben fatta di per sé, in sé, nella sua stessa natura. Una tradizione venuta, risalita dal profondo della razza, una storia, un assoluto, un onore esigevano che quella gamba di sedia fosse ben fatta. E ogni parte della sedia che non si vedeva era lavorata con la medesima perfezione delle parti che si vedevano. Secondo lo stesso principio delle cattedrali. [...] Non si trattava di essere visti o di non essere visti. Era il lavoro in sé che doveva essere ben fatto.

Stare in mezzo alla gente, parlare con le persone, è la parte che più mi manca del mio essere sindaco. E così buttarmi nei cantieri serve innanzitutto a me stesso. Ma serve anche a fissare la data del sopralluogo successivo, o meglio ancora dell'inaugurazione, per poi far correre tutti, in una lotta contro il tempo difficile ma possibile e in una lotta contro la burocrazia talvolta quasi insormontabile. La mia tattica è sempre la stessa: vado in visita e fisso la data dell'inaugurazione con i tecnici del ministero. La annuncio al microfono. Vedo sbiancare le facce dei capiazienda e dei responsabili del cantiere. Immagino che stiano rivolgendo parole carine alla mia mamma. Alla fine, però, la data è fissata.

Sulla Variante di valico tra Firenze e Bologna sono quasi patetico ricordando quante volte ho percorso quel tratto pieno di curve e spiegando che conosco tutte le piazzole in cui si fermano i giovani genitori con i bambini che soffrono la macchina. Il prossimo Natale, urlo dal microfono, sarà il primo in cui i bambini non saranno più costretti a subire il mal d'auto nelle curve dell'Appennino. Quelli di Autostrade se potessero mi bastonerebbero. Ma sono dei signori professionisti, e il dicembre dell'anno successivo, "in anticipo sul tuo stupore", avrebbe cantato il Poeta, aprono la Variante di valico. Faccio così ovunque, dal Quadrilatero tra Umbria e Marche fino al tunnel tra Sicilia e Calabria (il tunnel per l'energia elettrica, non il Ponte sullo Stretto, quella è un'altra storia).

La Salerno-Reggio Calabria diventa il mio cantiere preferito. Anche perché se c'è una cosa per la quale mi inalbero è quando alcuni stranieri parlano male dell'Italia attaccandosi a stereotipi e pregiudizi. Così, quando annuncio alla stampa estera che la Salerno-Reggio Calabria sarà ufficialmente inaugurata entro il Natale 2016 e vengo sommerso dalle risatine dei giornalisti di mezzo mondo – che sono ormai in Italia da un tempo sufficiente a non credere più alle promesse relative a quell'arteria –, ne faccio un punto d'onore. Convoco l'Anas, le Regioni, le aziende. Vivo la sfida come una sfida al paese. E per dare un segnale forte fisso nel mese di dicembre altre inaugurazioni, dal nuovo terminal di Fiumicino alla stazione dell'Alta velocità di Brescia. Mi dico: faremo vedere un paese che mantiene la parola data e rispetta gli impegni.

Non è merito mio ma degli operai e delle aziende: tutte e tre le inaugurazioni si svolgono nel dicembre 2016 e l'Italia ne esce a testa alta. Dimostra al mondo che le cose si possono fare, e fare bene. Che la stagione in cui ritardare era un dovere è alle spalle. Il mese di dicembre 2016 segna la netta vittoria delle infrastrutture italiane contro i gufi (si può ancora dire, vero?) d'Oltralpe. Solo che – come nelle barzellette – all'appuntamento sono io quello fuori tempo.

Già, perché come spesso mi accade quando fisso un bel calendario di inaugurazioni (esattamente come avevo fatto a Firenze da sindaco nel 2014), c'è un piccolo contrattempo: il referendum è andato come è andato, e io mi sono dimesso. Graziano Delrio mi prende bonariamente in giro mandandomi sms da tutti e tre i luoghi delle inaugurazioni: "C'eravamo tutti, mancavi solo tu. Come mai non sei venuto? Ah già, hai perso il referendum!". Non c'è che dire: l'ironia non ci è mai mancata.

Sbloccare l'Italia, togliere le opere pubbliche dal pantano dell'immobilismo burocratico, è stato per me nei mille giorni di governo un assillo quotidiano. Questo non vale solo per le ferrovie o gli aeroporti, ma per ogni cantiere, a cominciare dai porti: siamo il paese che più dovrebbe beneficiare dall'allargamento del Canale di Suez, e invece le nostre autorità portuali tutte insieme sviluppano meno traffico di Rotterdam da sola.

Al centro del nostro impegno, i cantieri culturali sbloccati, da Pompei ai musei archeologici di Taranto o Reggio Calabria; l'investimento sulla banda larga, cruciale per consentire alle imprese di competere nel mondo e di accogliere la sfida di Industria 4.0; i patti per il Mezzogiorno, con il treno fino a Matera, Capitale europea della cultura nel 2019 ma ancora troppo isolata nelle infrastrutture, fino all'Alta velocità Napoli-Bari e, in prospettiva, Lecce. I soldi per le case popolari e gli asili nido, subito stanziati, sono finiti in un complicato percorso burocratico con le Regioni che avremmo potuto risparmiarci, se solo fosse passato il referendum.

È soprattutto il modo di approcciarsi alle cose che va cambiato. Il primo dossier su cui mi consigliano di non espormi è quello relativo a Expo: i ritardi sono mostruosi, gli scandali diffusi, la rassegnazione dilagante. Un saggio mi dice: "Presidente, accetti il mio suggerimento: non rovini la sua immagine con questo fallimento annunciato". E invece, tutti insieme, con i ministri Martina e Lupi, con il commissario Sala, con il sindaco Pisapia e il presidente Maroni, ci mettiamo a remare nella stessa direzione. Scegliamo un valido magistrato come Raffaele Cantone per guidare l'Anac, cui assegniamo poteri peculiari sugli appalti per risolvere il problema degli scandali. E chiamiamo a raccolta tutte le forze più belle della milanesità. Una volta ogni tre mesi mi reco a Milano per verificare la situazione, al punto che un giovane architetto mi dice: "Presidente, questo sta diventando stalking". È una sfida che sembra impossibile: la vince Milano, la vince l'Italia. Quando il primo maggio Expo apre, è un successo di popolo straordinario. I detrattori dicono che non ci andrà nessuno. Il bilancio: più di venti milioni di biglietti venduti, code chilometriche, moltissime personalità internazionali, da Michelle Obama a Putin, quasi tutti i leader europei, il segretario delle Nazioni Unite Ban Ki-moon e il futuro Nobel per la pace Santos, fino a Bono Vox, che viene a riconoscere all'Italia la svolta sui temi della lotta alla povertà e sugli obiettivi del Millennio. Di quei giorni porto con me – tra le altre cose – un pranzo italo-francese insieme a Hollande e alcuni intellettuali durante il quale Umberto Eco riflette sui nostri popoli, sull'identità culturale europea, sull'evento in corso.

Certo, non vorrei dipingere un ritratto da libro *Cuore*. Intorno a Expo ci sono anche polemiche a non finire, incidenti diplomatici, errori. Ma è normale. Bisogna smettere di pensare che tutto ciò che facciamo possa essere solo perfetto.

Rinunciare a una sfida perché si ha paura dei problemi è profondamente frustrante. Quando penso che abbiamo buttato via l'occasione di accogliere le Olimpiadi a Roma nel 2024 mi tormento. Ho incontrato i sindaci di Los Angeles e Parigi, città concorrenti; ho visto più volte i dirigenti del Cio, insieme ai vertici del Coni. Posso dire con sicurezza che noi le Olimpiadi ce le saremmo assicurate. Roma aveva il progetto migliore, e la nostra forza di relazione avrebbe permesso all'Italia di rivivere il sogno del 1960. Aver detto no per timore degli scandali o delle difficoltà è stata una sconfitta, insopportabile per chi crede che il futuro dell'Italia sia andare all'attacco anziché vivere nel catenaccio della rinuncia.

Dobbiamo provarci, se vogliamo vivere e non solo vivacchiare. Quando uno rinuncia a combattere per paura ha già perso. Se avessi ceduto al consiglio di abbandonare Expo per non rischiare di perdere la faccia, sarei stato come gli altri. Prudente e saggio, mentre l'Italia perdeva un'occasione storica. Il nostro export, specie nel campo agroalimentare, sarebbe cresciuto meno. E Milano non sarebbe oggi una delle città europee con maggior forza attrattiva. Perché la vivacità della Milano di questi mesi fa sinceramente impressione, in Italia e nel mondo.

Sull'Expo ancora molto sarebbe da scrivere, a cominciare dalla straordinaria reazione dei milanesi quando i black bloc cercarono di rovinare l'inaugurazione e furono ridicolizzati da una meravigliosa reazione civile di popolo. Ma il punto forse più intrigante lo scriverà il dopo-Expo. Nel corso di un pranzo a Palazzo Chigi decidemmo infatti di scommettere sul futuro dell'area con un progetto di visione e di altissimo livello. Non il solito investimento residenziale per fare qualche villetta, ma un centro mondiale sul tema delle scienze della vita, che possa attrarre talenti da tutto il mondo tenendo insieme scienza, farmaceutica, qualità della vita, agroalimentare, sostenibilità. I partecipanti al pranzo ricordano come quell'idea sembrasse folle anche a noi. Quanta gioia nel vedere che oggi sta diventando realtà.

Devo però confessare che c'è stato un momento, un attimo preciso, in cui mi sono amaramente pentito di non aver rinunciato a Expo. Adesso lo posso dire. Tra gli impegni che avevo preso con gli amici milanesi c'era quello di mettere in campo tutte le relazioni internazionali per invitare il maggior numero di leader stranieri. Nel giugno del 2015, tra gli altri, è il turno del presidente Nazarbaev, da tempo leader del Kazakistan. In aereo verso Milano studio a lungo i dossier e ho già visitato il Kazakistan: conosco le priorità commerciali, dal gas all'agroalimentare. Ho in cartellina la richiesta di mettere l'accento sulle infrastrutture, e nell'incontro di delegazione che precede il pranzo insisto molto sulla qualità italiana.

Come facciamo noi le opere pubbliche, caro Nazarbaev, non le fa nessuno al mondo, sa? Non pensi che siamo bravi solo a far da mangiare, metta alla prova la professionalità delle nostre imprese edili. Concordiamo una serie di misure molto utili e finalmente possiamo prendere l'ascensore e salire nella sala dove ci attende il pranzo. Sono circa sedici secondi. Al nono secondo l'ascensore si blocca. E si blocca per quarantasette lunghissimi minuti.

Sono un po' in imbarazzo, perché sulla qualità delle opere pubbliche italiane ho già detto tutto. Lui mi guarda, io lo guardo. Fa caldo. Siamo circondati dalle sue guardie del corpo. E da due validi agenti di polizia che ci aiuteranno a uscire dalla poco piacevole situazione. Sfodero il sorriso migliore. Ma un sorriso per quarantasette minuti si chiama paresi, non sorriso.

Cerco di parlare del più e del meno. Il caldo cresce, il nervosismo pure. Al ventesimo minuto gioco la carta dell'Iran. Come vedi, caro presidente, il futuro dell'Iran dopo gli Accordi di Vienna? E lui mi risponde: "Molto interessante. Apprezzo il tentativo di cambiare argomento. Ma ti spiegherò la mia posizione a tavola, appena usciamo da questo dannato ascensore".

Respinto con perdite, insomma. Dopo altri ventisette minuti siamo finalmente liberi. Il sudore ci costringe a un cambio di camicia in corsa. Poi, davanti a un bicchiere di vino e a un piatto di pasta, torna il buonumore. Nazarbaev mi sussurra: "Forse non siamo bravi come voi con le infrastrutture, ma da noi gli ascensori funzionano...". *Touché!* Quel che si dice un tiro imparabile. Ma l'ascensore è una metafora: meglio fare e rischiare qualche intoppo che perdere delle occasioni per quieto vivere. Noi vogliamo essere quelli che ci provano, non quelli che rinunciano.

Sesto e ultimo punto, negativo: le vicende giudiziarie, gli scandali, i processi, le polemiche
Non giriamoci attorno. Veniamo da venticinque anni di subalternità culturale della politica rispetto alla magistratura. E la colpa è dei politici, non dei giudici. Da "Mani pulite" in poi – appunto un quarto di secolo fa – la politica si è come ripiegata. Impaurita. Si è affermata la presunzione di colpevolezza, anziché d'innocenza. Si è accettata l'equazione folle per la quale un avviso di garanzia comporta le dimissioni del politico. Il che è incostituzionale, illogico, immorale.
Vi sono due approcci completamente sbagliati a questo tema. Da un lato quello del centrodestra al governo per dieci anni, che, partendo dalle critiche generali al sistema della magistratura, arrivava a fare norme spesso incentrate sui propri interessi piuttosto che sulle reali necessità del mondo giudiziario – leggi ad personam, che producevano nell'opinione pubblica e nel dibattito politico l'effetto opposto; dall'altro lato quello antiberlusconiano, che brandiva l'arma giudiziaria come strumento per mandare a casa l'allora premier, in nome di un principio comprensibile dal punto di vista etico ma controproducente dal punto di vista politico.
Io ho sempre detto che volevo vedere Berlusconi fuori dalla politica non a causa delle sue vicende giudiziarie, ma perché sconfitto alle elezioni. Mi piace l'idea di mandare a casa gli avversari, non di mandarli in carcere. Quando però qualcuno dei nostri ha ricevuto richieste di interrogatori o avvisi di garanzia, nessuno ha evocato il legittimo impedimento o richiesto norme ad hoc: noi abbiamo detto, sempre, che stavamo dalla parte dei giudici. Ecco perché nel delicato rapporto giustizia-politica abbiamo compiuto una inversione a U, arrivando a rovesciare il paradigma. Tra le svolte che rivendico al mio governo c'è quella di andare in aula e dire ad alta voce e con forza: per noi un sottosegretario che riceve un avviso di

garanzia non deve dimettersi automaticamente. Se ha motivi di opportunità politiche, che sia o meno indagato, allora fa bene a dimettersi. Ma non può essere scontato che lo faccia.

Contemporaneamente, abbiamo fatto di tutto per accelerare i processi, assunto finalmente nuovo personale nei tribunali, implementato la digitalizzazione. Non ci siamo chiusi a riccio contro la giustizia, ma abbiamo rispettato la separazione dei ruoli collaborando attivamente in modo che i tempi dei processi si abbreviassero. Anche perché la grande maggioranza dei magistrati italiani è composta da professionisti impeccabili, formati in modo molto serio e dotati di competenze e preparazione. Poi ci sono le eccezioni, è ovvio: poche persone obnubilate dal rancore personale che collezionano indagini flop e che provano a salvare la propria immagine attraverso un uso spasmodico della comunicazione e del rapporto privilegiato con alcuni giornalisti.

È vero che il sistema di autogoverno che si sviluppa intorno al Csm potrebbe funzionare meglio: c'è qualcosa che non torna in Italia se le correnti, che sono state esautorate nella vita dei partiti, rimangono decisive per la carriera dei magistrati. Ma è anche vero che ci sono alcune professionalità straordinarie nel mondo togato che ci hanno consentito di ottenere come sistema-paese successi anche a livello internazionale.

Tuttavia c'è un vezzo culturale – che per me è vizio sostanziale – nell'atteggiamento di alcuni magistrati. Me ne rendo conto in Sala verde di Palazzo Chigi quando incontro l'Associazione nazionale magistrati guidata dal suo presidente, Piercamillo Davigo. E dopo i giudici pretendo di incontrare allo stesso modo anche gli avvocati, perché la giustizia non la esercitano soltanto i magistrati ma tutti i professionisti del diritto.

L'incontro con Davigo e la sua delegazione parte

con molta freddezza ma si mantiene civile e cortese nei toni; però la sostanza concettuale che Davigo ribadisce – ma che in realtà ha più volte già espresso in tutti i luoghi, in tutti i libri, in tutte le interviste – è che "un cittadino assolto non è detto che sia innocente, ma solo un imputato di cui non si è dimostrata la colpevolezza". Questo principio per me è un monstrum giuridico, un'assurdità costituzionale e filosofica. E mi spiace che il capo di tutti i giudici la pensi così.

Ci sono secoli di civiltà giuridica che cozzano contro la convinzione di Davigo e contro una cultura che seppellisce l'approccio del Beccaria e i principi costituzionali ispirati a un rigoroso garantismo. Io non ho mai ricevuto nemmeno un avviso di garanzia in tredici anni di politica. Non parlo dunque per un fatto personale, ma per convinzione: non accetterò mai l'assunto per cui non esistono cittadini innocenti, ma solo colpevoli non ancora scoperti. Perché questa è barbarie, non giustizia. "La cultura del sospetto non è l'anticamera della verità: la cultura del sospetto è l'anticamera del khomeinismo," diceva Giovanni Falcone. Per me sono parole che andrebbero scolpite in ogni tribunale accanto all'espressione "La legge è uguale per tutti".

Il 5 dicembre, giorno successivo alla sconfitta referendaria, un volto noto nei dibattiti televisivi della politica quale Guido Crosetto, già sottosegretario alla Difesa e parlamentare del centrodestra, pubblica un tweet molto polemico: "Se conosco bene questo paese, nel giro di qualche settimana partirà l'attacco delle procure ai renziani doc. È uno schema classico e collaudato". Dopo tre mesi e dopo l'avviso di garanzia al ministro Lotti per presunta rivelazione di segreto d'ufficio e l'avviso di garanzia a mio padre per "concorso esterno in traffico di influenze", mi chiama Crosetto e mi fa notare la sua singolare profezia. Io però non credo ai complotti. Lo dico in tutte le sedi, in tutte le salse. Se c'è un'indagine non si grida allo scandalo, si chiede di andare a processo.

Ci siamo già passati, a vari livelli. Mio padre riceve un avviso di garanzia – il primo della sua vita – alla tenera età di sessantatré anni, sei mesi dopo che io sono diventato primo ministro. Tutti i giornali nazionali mettono la notizia in prima pagina, alcuni internazionali hanno quantomeno un trafiletto, e almeno tre leader stranieri mi chiedono se sono preoccupato. Vado in tv e dico chiaramente che io voglio bene a mio padre, che sono sicuro che sia "pulito", ma che nella mia veste di uomo delle istituzioni sono dalla parte dei giudici: per due volte il rappresentante dell'accusa chiederà l'archiviazione, che dopo due anni finalmente è arrivata. Nulla, non aveva fatto niente.

Quindici giorni prima di un referendum sulle trivellazioni petrolifere scoppia un (presunto) scandalo in Basilicata con apertura di un fascicolo impegnativo e la richiesta di interrogare ben quattro membri su sedici del Consiglio dei ministri, uno dei quali – il sottosegretario De Vincenti – viene convocato come persona informata sui fatti, neanche a farlo apposta, nello stesso momento in cui deve svolgersi il Consiglio dei ministri. Forse che il sottosegretario – che per legge è chiamato a verbalizzare le riunioni di Consiglio – invocherà il legittimo impedimento? Non sia mai. Noi vogliamo consentire il corso dei processi, non accampiamo alcuna scusa per ostacolare le indagini: il professor De Vincenti viene invitato a lasciare il Consiglio dei ministri e a farsi interrogare immediatamente. Fatto sta che per una settimana questa notizia apre tutti i giornali e i notiziari ma poi – un mese dopo, passato il referendum – tutto finisce nel dimenticatoio e si scopre che l'inchiesta sul governo che aveva "le mani sporche di petrolio e denaro" non porta a nessuna sentenza passata in giudicato. Come tante altre aperte, anche su questo argomento, dai pm di Potenza.

Quando al ministro dello Sport Luca Lotti – come pure al comandante generale dell'Arma dei carabinieri (!) – viene contestata la violazione del segreto d'ufficio, reato peraltro consumato silenziosamente da anni nel rapporto a volte perverso tra redazioni giornalistiche e uffici giudiziari, lui mette a disposizione le proprie agende e l'elenco delle persone incontrate nel periodo "sospetto", così da fugare tecnicamente ogni dubbio sui propri incontri. Ancora una volta la massima collaborazione con i giudici. Sono finiti i tempi in cui un politico accusato di un reato si nascondeva dietro il legittimo impedimento o inventava un lodo, una norma ad personam, per difendersi. Noi siamo convinti di dover dare un segnale a tutti i cittadini: dobbiamo fidarci della giustizia italiana. E allo stesso tempo vogliamo sensibilizzarli a seguire le vicende della magistratura e dei magistrati.

Ci sono migliaia di magistrati per bene, che si formano nella bellissima Scuola superiore della magistratura di Castelpulci a Scandicci (fui io, da presidente della Provincia, a chiudere l'accordo per quell'immobile con l'allora ministro della Giustizia). Questi magistrati vanno difesi anche da quei pochi colleghi che per protagonismo danneggiano l'intero sistema della giustizia. Dobbiamo dedicare attenzione alle vicende della giustizia, non lasciarle cadere nel dimenticatoio, non fare come molti esponenti delle istituzioni che usano il manzoniano "sopire, troncare, troncare, sopire" per non parlare più delle vicende dei tribunali.

Anche i politici però ci mettono del loro, anzi a volte persino di più. Quando Lotti riceve l'avviso di garanzia, nel dicembre 2016, nessuno dice nulla. Dopo tre mesi viene presentata una mozione di sfiducia individuale, destinata a essere sonoramente bocciata in Senato (finirà 162 a 51, con una parte delle opposizioni talmente indignata dalla strumentalità della vicenda da non partecipare nemmeno al voto). Nella mozione si misura il grado di meschinità politica di una parte degli ex compagni di strada del Pd. In questa legislatura noi non abbiamo mai difeso "i nostri" perché nostri. E quando si è trattato di votare l'arresto di uno dei "nostri", l'onorevole Genovese, deputato per il quale i giudici chiedevano la traduzione in carcere, in presenza di carte che giudicavamo inoppugnabili abbiamo detto sì. Il parlamento non è il passacarte delle procure, ma se, nel rispetto della Costituzione, si chiede l'arresto di un deputato, è doveroso concederlo, partendo dall'assunto che tutti i cittadini sono uguali davanti alla legge e che la garanzia dell'articolo 68 della Costituzione non è un salvacondotto.

Dunque il Pd si è sempre comportato con grande rispetto durante tutte le indagini. Non ha mai accettato però di essere subalterno al grillismo manettaro per cui ogni indagato si deve dimettere "entro cinque minuti", espressione che potete ritrovare nei tweet ufficiali, tra i quali non è difficile orientarsi, a condizione di avere la sufficiente energia per fare slalom tra i congiuntivi. Perché il grillismo è garantista a giorni alterni: quando vengono indagati i sindaci del Movimento bisogna rispettare la presunzione di innocenza, quando vengono indagati i deputati altrui la condanna è già emessa, in nome del sacro blog. Ma lasciamo stare la loro doppia morale, non inseguiamoli su questo.

Parliamo del Pd. Decine di persone iscritte al nostro partito sono state indagate, processate e poi assolte. Io ho deciso di difendere il loro diritto alla difesa. E quando vengono indagate o condannate in modo non definitivo, come accade a Salvatore Margiotta (poi prosciolto dalla Cassazione), o a Stefano Graziano (accusato ingiustamente di essere camorrista), o a Lella Paita (che riceve un avviso di garanzia per omicidio nel pieno della campagna elettorale per la presidenza della Regione, mentre la sua posizione verrà archiviata quando ha già perso), decido di schierarmi dalla parte dei nostri. Un leader non lascia soli i propri compagni di strada.

Faccio la stessa cosa per Renato Soru, una delle menti più geniali del nostro paese, esposto al pubblico ludibrio e poi assolto con formula piena, dopo essere stato comunque costretto alle dimissioni da segretario del Pd sardo. E di nuovo mi schiero pubblicamente a favore di due autorevoli esponenti politici, che pure abbandoneranno il Pd al momento della scissione del febbraio 2017 – la prima scissione della storia che conta più articoli di editorialisti allarmati che abbandono di iscritti delusi: Filippo Bubbico, viceministro dell'Interno indagato, e Vasco Errani, già presidente della Regione Emilia Romagna, condannato in secondo grado e poi assolto.

Bubbico ed Errani diventano fondatori di Mpd, il movimento degli scissionisti di D'Alema e Bersani. Movimento il cui primo atto è chiedere le dimissioni di Lotti, come avrebbero fatto dei grillini qualunque. E non per cultura politica – essendo il garantismo, almeno a parole, patrimonio culturale della sinistra –, ma per rancore verso uno degli esponenti di punta del cosiddetto Giglio magico. Quando ascolto in Senato gli interventi dei loro rappresentanti capisco che hanno scelto di vivere la politica in nome del risentimento. Bene, mi dispiace, ma io preferisco continuare a farla con il sentimento.

Nella stessa vicenda viene indagato nuovamente mio padre per il reato di "concorso esterno in traffico di influenze". Mio padre avrebbe agevolato, non si capisce bene in quali forme, alcuni imprenditori interessati a partecipare a gare pubbliche. Come un pericoloso fuorilegge, viene pedinato in più di una circostanza e addirittura inseguito in un viaggio autostradale sulla Firenze-Roma che risulta sospetto perché a Roma mio padre incontra una persona. Cosa che talvolta capita effettivamente nelle grandi città, persino nei piccoli paesi. Sembra addirittura che con questa persona mio padre prenda un caffè in aeroporto, e i pedinatori passano ai giornali immagini di foto scattate in un incontro all'aeroporto con un certo "mister X". Che, se sei un investigatore, magari lo puoi scoprire chi è questo mister X, anziché dare ai giornali il mistero dell'identità celata. Anche perché, visto che per incontrarsi i due si mettono d'accordo al telefonino – che pare sia sotto controllo almeno quanto la macchina, inseguita con ingenti mezzi e con fotografi professionisti –, forse basta ascoltare le telefonate per capire chi è: un collega di lavoro.

A proposito di ascoltare le telefonate. Poche settimane dopo la mia vittoria alle primarie, vengono fuori altre intercettazioni, pubblicate sui giornali e in un libro. Sono io che, proprio nel momento in cui scoppia il caso, chiamo mio padre per chiedere spiegazioni: una telefonata, come si può capire, molto difficile dal punto di vista umano.

"Repubblica" ha appena diffuso una clamorosa intervista a un testimone che riferisce di una cena riservata in una bettola segreta tra mio padre e l'imprenditore Romeo, lo stesso che secondo una ricostruzione altrettanto clamorosa degli inquirenti napoletani gli avrebbe dato 30.000 euro in nero al mese. Conosco mio padre e conosco la sua onestà: alla storia dello stipendio in nero da 30.000 euro non crederebbe nemmeno un bambino. Ma dubito di lui, esperienza che vi auguro di non provare mai verso vostro padre, e sulla cena mi arrabbio: "Ma come? Vai a fare le cene riservate in una bettola segreta a Roma? Con imprenditori che hanno rapporti con la pubblica amministrazione?". Mi sembra allucinante. E tuttavia, ingenuo come sono, credo a "Repubblica", perché mi sembra impossibile che pubblichino un pezzo senza alcuna verifica: se lo scrivono, sarà vero. Dunque incalzo mio padre.

Lo tratto male, dicendogli: "Non dirmi bugie, la cena c'è stata per forza, altrimenti non lo scriverebbero". "Quante volte hai visto Romeo?" lo interrogo. Sono un figlio. E se tuo padre bluffa lo senti. Mio padre mi ribadisce: "Non c'è stata nessuna cena, devi credermi. Matteo, è una notizia falsa, devi credermi". Con l'aggiunta di qualche espressione colorita toscana. E alla fine mi rassicuro. Gli credo. Finita la telefonata, confido a un caro amico che mi accompagna: "Mio padre non c'entra niente, mio padre non ha fatto niente. Questa storia puzza".

Politicamente parlando, le intercettazioni pubblicate mi fanno un regalo. La pubblicazione è come sempre illegittima, ed è l'ennesima dimostrazione di rapporti particolari tra alcune procure e alcune redazioni. Ma non ho alcun titolo per lamentarmi: non sono il primo a passare da questa gogna mediatica. Anzi, ad altri è andata peggio. Qualcuno si è tolto la vita per le intercettazioni, qualcuno ci ha rimesso il lavoro. Umanamente però mi feriscono, perché in quella telefonata sono molto duro con mio padre. E rileggendole mi dispiace, da figlio, da uomo. Il guazzabuglio di sentimenti che provo in questa vicenda è difficilmente spiegabile e viene messo ulteriormente in tensione da alcuni scambi via sms ("Se non avessi avuto la fede mi sarei già suicidato") e confronti durissimi in famiglia. I miei vorrebbero reagire, attaccare pubblicamente. Ma finirebbero ancora più stritolati dall'ingranaggio dei media. Mi sento il cuore a pezzi, da figlio. Da uomo delle istituzioni, però, cos'altro posso fare?

Nelle settimane successive un'altra procura, quella di Roma, indagherà su un capitano dei carabinieri che aveva svolto le indagini su mio padre, accusando il militare di falso. La storia diventa torbida, con presunti interventi dei servizi segreti, che vengono coinvolti da persone prive della minima serietà istituzionale. La vicenda assume contorni inquietanti e l'intrigo si arricchisce ogni giorno di nuovi particolari.

Io mi limito a osservare, registrare tutto quello che sta accadendo, che è impressionante, e attendere che una sentenza certifichi la verità. Non ho fretta. Osservo anche i dettagli. Sono molto provato, ovvio, e si vede quando vado in tv dalla Gruber, a spiegare chiaramente che ho un mio pensiero sull'indagine e su mio padre ma sto dalla parte dei magistrati, come sempre, augurandomi che sia fatta chiarezza.

Dico che mi sembra impossibile che mio padre abbia commesso il reato che gli viene contestato, ma se fosse colpevole dovrebbe essere condannato a una pena uguale a quella degli altri cittadini, anzi – uso un'iperbole, ovviamente – a una pena doppia, proprio perché mio padre. Ma io sono l'ex presidente del Consiglio dei ministri. E dunque ho il dovere di dire una parola pubblica, istituzionale, in difesa dei giudici, non di mio padre. Perché per me essere uomo delle istituzioni significa questo.

Beppe Grillo non si fa sfuggire l'occasione. E, dall'alto del suo rigore morale, decide di andare all'attacco accusandomi di voler rottamare mio padre. La butta sul personale. Mi domando con quale faccia si guardi ogni mattina allo specchio un uomo disposto a strumentalizzare in questo modo anche gli aspetti più intimi della vita di un altro. La cosa mi indigna e rispondo con un post su Facebook che raggiunge oltre sei milioni di visualizzazioni.

> Caro Beppe Grillo,
> ti rispondo da blog a blog dopo aver letto le tue frasi su mio padre.
> Non sono qui per discutere di politica. Non voglio parlarti ad esempio di garantismo, quello che il tuo partito usa con i propri sindaci e parlamentari indagati e rifiuta con gli avversari. Quando è stata indagata Virginia Raggi io ho difeso la sua innocenza che tale rimane fino a sentenza passata in giudicato. E ho difeso il diritto-dovere del sindaco di Roma di continuare a lavorare per la sua città. Ma noi siamo diversi e sinceramente ne vado orgoglioso.
> Niente politica, per una volta.
> Ti scrivo da padre. Ti scrivo da figlio. Ti scrivo da uomo.
> Da giorni il tuo blog e i tuoi portavoce attaccano mio padre

perché ha ricevuto qualche giorno fa un avviso di garanzia per "concorso esterno in traffico di influenza". È la seconda volta in 65 anni di vita che mio padre viene indagato. La prima volta fu qualche mese dopo il mio arrivo a Palazzo Chigi: è stato indagato per due anni e poi archiviato perché – semplicemente – non aveva fatto niente.
Vedremo che cosa accadrà. Mio padre ha reclamato con forza la sua innocenza, si è fatto interrogare rispondendo alle domande dei magistrati, ha attivato tutte le iniziative per dimostrare la sua estraneità ai fatti.
Personalmente spero che quando arriverà la parola fine di questa vicenda ci sia la stessa attenzione mediatica che c'è oggi. La verità arriva, basta saperla attendere.
Ma tu, caro Grillo, oggi hai fatto una cosa squallida: hai detto che io rottamo mio padre. Sei entrato nella dinamica più profonda e più intima – la dimensione umana tra padre e figlio – senza alcun rispetto. In modo violento.
In una trasmissione televisiva ieri ho spiegato la mia posizione, senza reticenze. Da uomo delle istituzioni ho detto che sto dalla parte dei giudici. Ho detto provocatoriamente che se mio padre fosse colpevole meriterebbe – proprio perché mio padre – il doppio della pena di un cittadino normale. E ho detto che spero si vada rapidamente a sentenza perché le sentenze le scrivono i giudici, non i blog e nemmeno i giornali.
Per decidere chi è colpevole e chi no, fa fede solo il codice penale, codice che pure tu dovresti conoscere, caro Beppe Grillo.
Dire queste cose costa fatica quando è indagato tuo padre. Ma è l'unico modo per rispettare le istituzioni. Perché quando hai giurato sulla Costituzione, quando ti sei inchinato alla bandiera, quando hai cantato l'inno nazionale davanti a capi di stato stranieri, rimani uomo delle istituzioni anche se ti sei dimesso da tutto. Anziché apprezzare la serietà istituzionale tu hai cercato di violare persino la dimensione umana della famiglia. Non ti sei fermato davanti a nulla, strumentalizzando tutto.
Allora lascia che ti dica una cosa.
Mio padre è un uomo di 65 anni, tre anni meno di te. Probabilmente ti starebbe anche simpatico, se solo tu lo conoscessi. È un uomo vulcanico, pieno di vita e di idee (anche troppe talvolta).
Per me però è semplicemente mio padre, mio babbo.
Mi ha tolto le rotelline dalla bicicletta, mi ha iscritto agli scout, mi ha accompagnato trepidante a fare l'arbitro di calcio, mi ha educato alla passione per la politica nel nome di

Zaccagnini, mi ha riportato a casa qualche sabato sera dalla città, mi ha insegnato l'amore per i cinque pastori tedeschi che abbiamo avuto, mi ha abbracciato quando con Agnese gli abbiamo detto che sarebbe stato di nuovo nonno, mi ha pianto sulla spalla quando insieme abbiamo accompagnato le ultime ore di vita di nonno Adone, mi ha invitato a restare fedele ai miei ideali quando la vita mi ha chiamato a responsabilità pubbliche.
Questo è mio padre. Buttati come sciacallo sulle indagini, se vuoi, caro Beppe Grillo. Mostrati per quello che sei. Ma non ti permettere di parlare della relazione umana tra me e mio padre. Perché non sai di che cosa parli e non conosci i valori con i quali io sono cresciuto.
Spero che i tuoi nipoti possano essere orgogliosi di te come lo sono di Tiziano Renzi i suoi nove nipoti Mattia, Francesco, Gabriele, Emanuele, Ginevra, Ester, Maddalena, Marta e Maria.
E spero che un giorno ti possa vergognare – anche solo un po' – per aver toccato un livello così basso.
Ti auguro una buona serata. E ti auguro di tornare umano, almeno quando parli dei valori fondamentali della vita, che vengono prima della politica.
Matteo Renzi

Nei giorni successivi alla polemica a nove colonne vado a trovare mio padre, che dopo un piccolo intervento al cuore decide di lasciarsi crescere la barba. Per la prima volta mi impongo su mia madre e le mie sorelle e gli intimo di tagliarsela, di uscire, di tornare a vivere. Lo costringo a non chiudersi in casa. E intanto penso ad altri figli che ho conosciuto, che hanno vissuto vicende più gravi. Penso a una giornalista come Gaia Tortora, figlia del grande Enzo, e a quei mesi di inferno proprio nel momento degli esami di maturità. Penso a un giovane democratico che incontro al Lingotto, Tommaso Nugnes, figlio dell'ex assessore di Napoli suicidatosi per un'indagine che poi non vedrà alcuna condanna. Penso a Mario Rossetti, manager di un'importante azienda italiana, coinvolto in una vicenda kafkiana e per mesi agli arresti, salvo poi essere scoperto totalmente innocente.
Penso che questi sono i veri drammi della vita, non

il fatto che per una settimana i giornali presentino la tua famiglia come un covo di delinquenti. Siamo gente per bene, semplice, onesta. A casa nostra trovano mutui, non tangenti. E se ci sono stati errori lo diranno i magistrati italiani. Perché io – anche adesso – continuo a non credere ai complotti e mi fido delle istituzioni del mio paese.

Questa mia fede incrollabile nel paese non vacilla nemmeno quando emergono particolari e dettagli inquietanti. La Procura di Roma infatti decide di aprire un'inchiesta su elementi falsi che emergono dalle indagini: si indaga per falso e addirittura depistaggio.

Alla fine di questa storia assurda arrivo (paradosso dei paradossi) a ringraziare il cielo per il fatto di non essere più primo ministro: se fossi stato ancora alla guida del governo ci sarebbero stati gli estremi per una crisi istituzionale insensata. Io non urlo, non sbraito, non grido al complotto. Ma non cedo ai ricatti e alle minacce. Con calma e sangue freddo ribadisco che a me interessa solo la verità. Chiunque sia l'uomo o la donna che ha fabbricato consapevolmente prove false contro il presidente del Consiglio pro tempore dovrà pagare. Perché ne va della credibilità delle istituzioni. Costi quel che costi, voglio i nomi dei colpevoli. E non mollerò la presa finché quelle persone non saranno assicurate a un regolare processo. Non lo devo a mio padre: lo devo al mio paese.

Nei mille giorni di governo, io credo, abbiamo lavorato per migliorare il funzionamento della giustizia italiana. Abbiamo aumentato le pene per la corruzione, per il falso in bilancio. Abbiamo introdotto il reato di autoriciclaggio e allungato – forse persino troppo – i tempi della prescrizione. Per la prima volta è stata introdotta nell'ordinamento la legge sulla responsabilità civile dei magistrati: è ancora troppo blanda, ma c'è. E sono state ridotte le ferie, perché quarantacinque giorni di vacanza ci sembravano troppi.

La verità è che non abbiamo avuto abbastanza

coraggio sulla giustizia: la timidezza ci ha frenato. E il punto chiave rimangono i tempi, specie nel civile. Dobbiamo garantire ai cittadini che, se vanno in giudizio, entro un termine certo avranno una risposta. Un anno? Un anno e mezzo? Dobbiamo decidere insieme agli operatori. Poi cosa occorre? Assumere personale, investire di più sul digitale, uniformare i tempi in tutte le sedi giudiziarie, dare protocolli simili? Decidiamo insieme, ma l'Italia deve garantire a chi domanda giustizia un tempo certo entro il quale avere una risposta. Un arco che non può superare l'anno e mezzo, secondo me. Valutiamo l'efficienza dei tribunali e la professionalità degli uffici dando certezze sui tempi. Questo risolverebbe tra l'altro uno dei maggiori ostacoli agli investimenti stranieri nel nostro paese.

Ecco qua. Questa non è la storia dei mille giorni, sia chiaro. Ho promesso che non l'avrei raccontata, anche se mi si affollano alla mente tutte le cose importanti che sto tralasciando di citare, dal grande cantiere sociale alla riforma della pubblica amministrazione. Mancano i diritti civili, ad esempio. Aver messo la fiducia sulle unioni civili è stata una scelta complicata e difficile ma era l'unico modo per portare a casa una legge di buon senso ed equilibrata. Mi ha creato problemi? Sì, certo. Anche con il mondo cattolico del quale faccio orgogliosamente e umilmente parte. Ma, come diceva il mio amato Chesterton, che pure era molto duro nella difesa dell'ortodossia: "Quando entro in chiesa mi tolgo il cappello, non la testa". E che male possono fare due persone che si vogliono bene e intendono prendersi l'impegno di continuare a volersene davanti al mondo? Lo penso mentre chiamo Dario, che ha settantatré anni e che finalmente può coronare i suoi quarant'anni di vita comune con Rudy. Ma lo penso anche ricordando a me stesso che per tanti anni il centrosinistra ha balbettato su questi temi. Ha rinviato. Vedere la felicità di qualche migliaio di coppie che sceglie la strada delle unioni civili è bellissimo. Ma lascia perplessi sentirsi fare la morale sul tasso di sinistra presente nella nostra azione di governo da chi si ricorda di essere progressista solo quando è in piazza a manifestare e mai quando è nel palazzo a governare.

In questo resoconto mancano tutte le piccole grandi cose che ho voluto con forza perché coerenti con gli ideali della mia giovinezza. Non ho mai messo bocca su nessun programma televisivo della Rai, ma alla Rai ho chiesto di cancellare la pubblicità dalla tv dei bambini: l'ho chiesto da genitore, non da segretario politico. E l'ho chiesto ricordando che questa fu una delle mie prime battaglie quando iniziai a impegnarmi nei movimenti giovanili, ormai vent'anni fa.

Abbiamo firmato la direttiva per eliminare la qualifica di segreto di stato a molti documenti: nel paese dei complotti e degli intrighi, portare più trasparenza era cruciale. Abbiamo aumentato i soldi per la cooperazione internazionale per raggiungere gli obiettivi del Millennio, che era uno dei punti su cui, giovane caposcout, discutevo con i miei ragazzi del Clan. Abbiamo ottenuto – e ne vado fiero – di introdurre il reato di omicidio stradale e pene più dure per chi, ubriaco o drogato, recide una vita umana, come è accaduto moltissime volte in Italia e come è accaduto a Firenze mentre ero sindaco, quando la vittima fu il diciassettenne Lorenzo Guarnieri. I suoi genitori, Stefano e Stefania, e la sorella Valentina mi hanno sollecitato a portare avanti la proposta di legge con una forza d'animo infinita.

E mi accorgo che manca anche il racconto di tutto il cantiere sociale che abbiamo aperto e che per me – cresciuto nello scoutismo – è fondamentale. Su questi temi abbiamo prodotto una discontinuità evidente con il passato, intervenendo sulla povertà, sulla povertà educativa, sull'autismo, sul terzo settore, sul "dopo di noi", sullo spreco alimentare, sul sostegno alla maternità. Abbiamo fatto leggi utili, talvolta storiche. Ma non le abbiamo raccontate come avremmo potuto, come avremmo dovuto. E allora perché anche in questo libro scelgo di parlarne così poco? Perché questi temi sono la cifra dell'anima sociale del Pd. E più che parlarne bisogna farli vivere, in particolar modo nel quotidiano.

Quello su cui abbiamo prodotto un'azione più incisiva, e su cui ci giocheremo i prossimi anni, è però la visione del ruolo dell'Italia in un mondo che cambia e in un'Europa che non può più continuare a vivacchiare.

3.
A testa alta nel mondo

> Non siamo ciò che dovremmo essere, non siamo ciò che vogliamo essere, e non siamo nemmeno quello che un giorno saremo. Ma grazie a Dio non siamo ciò che eravamo.
>
> Martin Luther King

"Ne ho parlato con Matteo e voglio coinvolgere altri leader. Il nostro obiettivo sarà formare la prossima generazione di leader e creare una rete globale di giovani attivisti." 9 maggio 2017. Barack Obama parla per la prima volta all'estero, da ex presidente. Parla a Milano, in un evento sul cibo e sulla sostenibilità. E dice in pubblico quello che mi ha detto il giorno prima in privato: "Dammi una mano a creare un network di giovani di qualità". Progetto visionario e innovativo che dà il senso di quello che sarà il mondo politico tra dieci anni, dove i leader globali non saranno più semplicemente i partecipanti al G20 ma donne e uomini che si impegnano in vari settori della società e che crescono insieme, che si formano insieme.

È un grande onore per me essere coinvolto in questa sfida, segno che nei mille giorni di governo il ruolo dell'Italia a livello internazionale è stato notato. Ma poco importa. E il fatto che sia Obama a proporre questo progetto di formazione politica globale naturalmente mi fa essere della partita da subito, con entusiasmo.

Ero presidente della Provincia quando, nel febbraio del 2007, Obama lanciava una sfida impossibile, candidandosi alla Casa Bianca nelle primarie che

– era segnato – dovevano essere quelle di Hillary. Hillary Clinton, la moglie del presidente degli anni novanta, dell'uomo che aveva promosso il nuovo boom economico americano. Obama era un semisconosciuto senatore dell'Illinois che sfidava la più importante macchina organizzativa mai messa in moto dai democratici americani. Tre anni prima quel senatore semisconosciuto aveva scritto una pagina impressionante nella storia del Partito democratico americano con un bellissimo intervento alla convention di Boston. E l'8 gennaio 2008, dopo la vittoria della Clinton alle primarie nel New Hampshire, Obama stupì tutti con il più bel discorso mai pronunciato da un politico sconfitto, culminato nella frase memorabile "Yes, we can". È in quel momento – anche se nessuno può saperlo – che inizia a vincere la presidenza. Anche una sconfitta può servire a scrivere la storia, talvolta.

In quel momento un'intera generazione di donne e di uomini impegnati in politica in tutto il mondo capisce che sì, si può fare. Che rinunciare a una sfida considerandola già persa è un atto da mediocri. Che se uno ha un progetto deve provare a realizzarlo. Io ho deciso proprio allora di candidarmi a sindaco di Firenze contro tutto l'establishment del mio partito. Non credo nell'azzardo come metodo politico, ma se fai politica e non ti prendi mai un rischio potrai vivere un'onesta carriera collezionando poltrone, ma non cambierai mai il tuo paese.

Sulle questioni economiche, nei miei scontri praticamente mensili con i leader europei, mi ispiro alla politica espansiva della presidenza americana. E così succede anche per le politiche ambientali, la giustizia sociale, i valori. La mia tesi di fondo è che se davanti alla crisi economica degli ultimi anni l'Europa avesse seguito l'approccio obamiano anziché la cultura dell'austerity, saremmo usciti prima dalle difficoltà, tutti insieme.

Porto con me molte discussioni comuni rubate in

qualche pausa degli incontri internazionali, a cominciare da quella, durante il G20 australiano del 2014, sul fatto che le elezioni di *midterm* – appena concluse con una netta sconfitta dei democratici – per Obama erano impossibili da vincere: "Se c'è un leader forte, Matteo, non riuscirà mai a portare la sua forza su altri candidati. E io non riesco a dire ai miei elettori di votare a scatola chiusa i candidati democratici". Ci ho ripensato spesso in occasione dei noiosi dibattiti post-amministrative: gli elettori sanno fare zapping, non votano il partito del leader, votano i singoli candidati. Imporre un parallelismo tra voto locale e voto nazionale è un errore, insomma. Non solo negli Stati Uniti.

Porto con me anche una mattinata in palestra insieme, correndo su due tapis roulant affiancati mentre fuori chiudevano l'accesso a tutti. Mai mi era capitato di correre con i cecchini sul tetto di fronte e i cani lupo dietro, oltre a un imprecisato numero di donne e uomini del secret service tutt'intorno. E porto con me le chiacchiere sui figli, i social network, il gelato italiano, i vini toscani, ma anche sui rapporti dell'Italia con la Russia, oggetto di qualche incomprensione iniziale, inclusa una telefonata del settembre 2014 che i rapporti ufficiali sicuramente descriveranno come "franca e cordiale", ma che fu molto dura.

Durante il G7 di Ise-Shima in Giappone del maggio 2016 apriamo i lavori con una cerimonia scintoista molto suggestiva. Nel silenzio della visita mi astraggo mentalmente per un momento dal rigido protocollo nipponico per ripassare tutti i particolari del G7 successivo, quello che abbiamo deciso di portare a Taormina contro tutto e contro tutti. Un autorevole leader internazionale due anni prima mi ha fatto una battutaccia sulla mafia e la Sicilia. E la mia reazione era stata secca: "Pensate questo del mio paese? Bene. Allora anziché a Firenze il G7 lo facciamo in Sicilia". Perché chi offende un pezzo dell'Italia offende tutta l'Italia. Faremo loro cambiare idea, useremo il G7 contro i pregiudizi.

Proprio alla fine della cerimonia scintoista, mentre ci avviciniamo in un'altra area sacra per piantare degli alberi, mi si accosta Obama. "Ho un'idea per te." "Per me?" "Sì. Mi piacerebbe che l'Italia fosse l'ospite della mia ultima cena di stato alla Casa Bianca. Ci tengo molto, e vorrei organizzare una grande visita, magari tra settembre e ottobre." Camminata finita. Io, ovviamente, entusiasta. "Non dire nulla, annunciamo tutto più in là. Ma se sei d'accordo, affare fatto: chiudiamo in bellezza, chiudiamo con l'Italia." È un piccolo gesto, ma un grande riconoscimento.

Tornato in Italia, rifletto sull'invito di Obama. Mi rendo conto che non è un omaggio al governo, ma al nostro paese. Così decido di non dare al viaggio un tono troppo istituzionale, spiegando a tutti i ministri cortesemente invitati dai loro interlocutori che possono restare a casa: niente di personale, ma non porto in gita il governo. Con me verrà solo il ministro degli Esteri, Gentiloni. Gli altri resteranno qui a lavorare.

Mi dedico quindi a comporre una delegazione rappresentativa del nostro paese, e parto dalle donne. Chiedo di unirsi a noi a Fabiola Gianotti, che dirige una delle istituzioni mondiali di maggior rilievo nel campo della fisica, il Cern di Ginevra. Coinvolgo Giusi Nicolini, allora sindaco di Lampedusa, una città che dovrebbe essere considerata il cuore d'Europa, anche se geograficamente molto più vicina a Tunisi che a Roma (per non parlare di Bruxelles): ma è il sindaco dell'umanità, dei valori della Sicilia e dell'Italia. E lo resterà anche dopo la sconfitta alle amministrative del 2017. Voglio scegliere una figura della cultura e, con tutto il rispetto per le tante donne impegnate in patria in questo settore, interpello Paola Antonelli, direttrice di una delle sezioni del MoMa di New York e raffinata interlocutrice del mondo della cultura contemporanea a livello globale: l'Italia non è solo il Rinascimento.

E poi c'è questa "ragazza magica" di vent'anni che si chiama Bebe Vio. Insieme ad Agnese la incontriamo per la prima volta alla "Route nazionale Agesci 2014" di San Rossore, maxiraduno di ragazzi scout provenienti da tutta Italia. Ha perso gli arti per una forma devastante di meningite ma non la voglia di ridere, combattere, entusiasmarsi... ed entusiasmare. È una bomba di vitalità ed energia, in grado di smentire con un solo sorriso tutti i luoghi comuni sulla gioventù di oggi. Una domenica, a casa, Agnese mi dice: "Ma perché non invitiamo Bebe alla Casa Bianca? Chi meglio di lei rappresenta l'Italia che non si arrende mai?". Ottima idea. Quando stiamo per imbarcarci per Washington Bebe è appena rientrata dal Brasile, dove ha partecipato alle Paralimpiadi di Rio de Janeiro: con sé e la sua carrozzina porta la medaglia d'oro per la scherma. Il suo urlo dopo la vittoria emoziona anche i robot. Vederla sull'aereo di stato mentre partiamo mi allarga il cuore.

Lo so, è vero, la gioia dovrebbe essere incompatibile con l'aereo di stato. Perché ormai quella è una parolaccia, un insulto. La menzogna diffusa in modo virale ha fatto di questo velivolo il simbolo di tutti i privilegi della casta in generale, e dei miei in particolare.

Forse allora vale la pena di spiegare questa cosa per bene, visto che finora non l'ho fatto con sufficiente chiarezza. L'aereo di stato a uso del presidente del Consiglio che io utilizzo risale alla fine degli anni novanta. Commissionato da D'Alema, fu inaugurato da Berlusconi. Il moltiplicarsi delle missioni governative all'estero è figlio di una strategia di investimenti sull'export che porta l'Italia a recuperare posizioni nella competizione globale. Le missioni si infittiscono. Il mio governo aumenta gli stanziamenti per queste iniziative, perché ci consentono di crescere in modo esponenziale.

Purtroppo la narrazione condivisa ha rappresentato per anni l'Italia come una vittima della globalizzazione, quando invece, per un paese di sessanta milioni di abitanti abituato a fare cose meravigliose e amate da tutto il mondo, la creazione di un mercato globale può essere una straordinaria opportunità. A condizione di starci da protagonisti, senza rinchiuderci. Già immagino i critici: sì, ma la globalizzazione ha nuovi perdenti. Certo, come in tutte le stagioni della storia ci sono nuovi vincitori e nuovi vinti. Ma la globalizzazione apre scenari inesplorati per l'Italia, paese produttore ed esportatore di bellezza. L'importante è che le istituzioni italiane ci credano, come fanno da anni alcuni imprenditori illuminati, che non a caso hanno resistito alla crisi meglio di tutti gli altri.

I numeri del resto sono chiari e per una volta straordinariamente positivi. L'export cresce tra il 2013 e il 2016 in modo rilevante: da 390 a 417 miliardi. Le stime prevedono che alla fine di quest'anno raggiungeremo quasi 440 miliardi di euro. La bilancia commerciale nel 2013 segnava un +29 miliardi e dopo tre anni di governo, nel 2016, è quasi raddoppiata: +52 miliardi. L'investimento in questo settore è semplicemente decisivo per il futuro del paese. L'export commerciale italiano nei prossimi cinque anni può raggiungere e superare i 500 miliardi di euro. Ma per farlo occorre un sistema di presenza all'estero consolidato e non episodico. Strutturato e non volontaristico. Strategico e non casuale.

Questo lavoro è stato iniziato nel corso del mio governo non semplicemente comprando un aereo nuovo, peraltro in leasing. Ma attraverso fondi mirati, iniziative di pubblicità su tutti i canali, di formazione delle piccole e medie imprese italiane, di apertura di mercati nuovi anche in paesi storicamente forti: si pensi a tutta l'operazione di rilancio dei prodotti italiani nel cuore del Midwest americano, perché troppo spesso le piccole aziende italiane quando pensano agli Stati Uniti pensano solo alle coste e a Chicago, ma la prateria dell'America profonda è una prateria di opportunità strepitose.

Questo argomento è stato tabù nella querelle che si è sviluppata intorno all'aereo. Tutti presi a ragionare dell'"Air Force Renzi", salvo poi scoprire che si tratta di un aereo normale. Solo nell'Italia dei siti di finte notizie e di un partito che vive di troll e fake news è stato possibile fare questa discussione, e solo la mia incredulità davanti a una cosa che mi sembrava assurda e inverosimile ha impedito a noi di attuare da subito le misure di risposta mediatica.

Sulla bilancia commerciale si gioca anche un pezzo della sfida elettorale di domani. Dopo le elezioni americane, i Salvini e i Beppe Grillo ci hanno fatto la lezione nei talk show e sui giornali dicendo che dobbiamo prendere spunto dal protezionismo di Trump. Ci hanno detto che la società aperta crea solo danno. Poi, quando Trump ha ventilato l'ipotesi di penalizzazioni per la nostra industria alimentare o per prodotti come la Vespa, improvvisamente tutti i protezionisti italiani sono ammutoliti. L'Italia ha qualità straordinarie, una forza evocativa e suggestiva impareggiabile, ha tutto da guadagnare da una società aperta. Quelle che vanno protette sono le persone, non le merci. Vanno trovate nuove forme di tutela per chi sta ai margini, invece di chiudere le dogane e alzare i dazi.

Ho deciso l'acquisto di un nuovo aereo di stato per favorire le missioni commerciali, ormai all'ordine del giorno. Missioni a cui partecipano non solo il presidente o i ministri, ma soprattutto tanti imprenditori, perché quando a muoversi è il sistema-paese è più facile per le nostre piccole e medie imprese avere la forza di entrare nei nuovi mercati. L'aereo di stato è innanzitutto uno strumento di lavoro per l'Italia. La propaganda lo ha trasformato nel mio giocattolo. Il boy scout che arriva a Palazzo Chigi, perde la testa e vuole un aereo nuovo per divertirsi. Quando la sento per la prima volta, mi sembra una cosa talmente stupida, un'accusa talmente ridicola, che faccio l'errore più grande che si possa fare: lascio perdere. Mi dico: questa polemica che la Casaleggio & Associati rilancia forsennatamente sul web apparirà inconsistente a tutti. Ho avuto l'arroganza di pensare che la verità si sarebbe imposta da sé. E ogni giorno, per settimane, mentre io mi esalto davanti a una statistica Istat sul calo della disoccupazione, a un minimo aumento del Pil, ai dati dell'export, convinto di essere giudicato su questo – sui numeri e sulla realtà –, la propaganda virale grillina mi presenta sui social e nei talk show come quello che "si è fatto l'aereo nuovo".

Adesso lo posso dire: io su quell'aereo non ci sono mai salito, mai. Lo hanno utilizzato, come è giusto e come è ovvio, ministri, viceministri, dirigenti statali, imprenditori, militari. Esponenti della Repubblica italiana. Io mai, perché per i miei spostamenti usavo quello più piccolo, quello acquistato da D'Alema vent'anni fa. Però – dispiace dirlo – la verità per qualcuno non vale. Vale solo ciò che viene percepito.

In una vecchia intervista Gianroberto Casaleggio illustrava il meccanismo grazie al quale ciò che è virale diventa vero. È una riflessione che allora sottovalutai, tanto mi sembrava paradossale. E invece in quella riflessione c'era in nuce tutta la strategia che poi i 5 Stelle avrebbero adottato: prendere una cosa, una sola, non importa se vera o falsa, e battere fino alla nausea solo su quella. Non conta l'export, non conta il ruolo dell'Italia nel mondo, non conta la crescita delle piccole e medie imprese: conta dire che quell'aereo è un capriccio del premier, il quale, lontano dalla vita della gente, vuole spendere male i soldi degli italiani. E il fatto che si parli di un aereo che il premier in mille giorni non ha visto se non in foto non cambia niente.

Alla post-verità della Casaleggio & Associati preferisco di gran lunga la freschezza e l'umanità del post su Facebook di Bebe Vio alla vigilia del viaggio. Prima di partire con noi, infatti, sui suoi social mostra i vestiti per la serata alla Casa Bianca e segnala – con la consueta ironia – che deve ricordarsi di mettere in valigia le gambe col tacco più che le scarpe col tacco. Penso alla forza d'animo di questa ragazza. E quando sale in aereo mi spiega che deve a tutti i costi fare un selfie con Obama. Dentro di me temo che sia impossibile: a cena alla Casa Bianca tutti saranno marcati a uomo dalla sicurezza e sottoposti alle rigide regole del cerimoniale. Poi rifletto sul fatto che proprio l'esperienza degli scout ci ha insegnato come nella vita occorra dare un calcio all'impossibile, renderlo possibile. E mi dico che, se c'è una persona che lo dimostra tutti i giorni, quella persona ce l'ho seduta accanto in aereo: si chiama Bebe Vio. E infatti verso la fine della cena Bebe guarda il tavolo presidenziale. Sguardo complice con Agnese, che le fa da sponda, e *oplà*, in un attimo eccola accanto al presidente. Il selfie c'è, con due sorrisi pieni.

Bebe diventa – anche grazie a quel selfie, ma soprattutto grazie al suo entusiasmo e alla sua energia – il simbolo di questa missione: non un ministro, ma una ragazza magica di vent'anni. Non un personaggio del jet set, ma una campionessa paralimpica. L'immagine di una donna che non accetta di darla vinta alla sfortuna e al destino e si mette in gioco con tutto ciò che ha di più prezioso: se stessa. Questa è l'Italia che volevamo portare alla Casa Bianca. Questa è l'Italia più forte. Quella di domani.

In delegazione c'è anche Raffaele Cantone – presidente dell'Autorità nazionale anticorruzione – perché gli stereotipi e i pregiudizi anti-italiani si combattono anche mostrando i progressi che stiamo facendo nella lotta senza quartiere a questa piaga insopportabile.

L'esperienza innovativa dell'Anac e la guida di Raffaele Cantone costituiscono infatti una novità molto interessante. Per gli altri paesi l'Anac rappresenta una sorprendente risposta dell'Italia, spesso accusata di non fare abbastanza contro la corruzione.

Sia al G20 australiano del 2014 che a quello cinese del 2016 abbiamo portato questa esperienza come modello, ricevendo un consenso diffuso da tutte le autorità internazionali.

Tornando alla delegazione, naturalmente siamo onorati della presenza delle grandi icone. Giorgio Armani è l'ospite d'eccellenza per la moda, e non potrebbe essere diversamente. John e Lavinia Elkann, che rappresentano l'azienda italiana che ha salvato un pezzo dell'industria automobilistica americana con l'operazione Fiat-Chrysler, siedono giustamente al tavolo d'onore. E poi c'è il mondo del cinema, con Nicoletta Braschi, Roberto Benigni e Paolo Sorrentino. Che danno vita a un siparietto che purtroppo noi ci perdiamo e che nessuno – ahimè – ha filmato.

Chi lo ha visto racconta sia degno di *Amici miei*, con Sorrentino che cerca di fumare nel giardino della Casa Bianca, forse il luogo più antitabagista del pianeta sotto la presidenza Obama, spalleggiato da Benigni nel dialogo con la sicurezza americana.

In compenso, appena rientrato dentro la Casa Bianca e portato alla stretta di mano col presidente, Benigni parte: "Stai attento, Barack, che questo che hai accanto," dice indicandomi con sguardo truce e portando la mano all'orecchio del presidente, "è un pericolosissimo dittatore. Lo sappiamo tutti in Italia. Facciamo anche un referendum per questo. Ricordatelo: è un dittatore".

Dell'ultimo incontro alla Casa Bianca non porto con me solo la gioia per un ritrovato prestigio internazionale dell'Italia o per la cerimonia ufficiale, durante la quale riconosco a Obama che la storia sarà generosa con lui perché lui ha provato a cambiarla. Porto con me anche alcune conversazioni strategiche. La grande preoccupazione per l'Europa del presidente americano uscente: "Paradossalmente, siete voi europei in questo momento la frontiera più inquieta," mi dice.

Ed è vero. Obama capisce ciò che i leader riluttanti fingono di non vedere, e cioè che il progetto europeo ha bisogno di nuova linfa, altrimenti rischia di finire su un binario morto. E soprattutto rischia di diventare facile preda dei populisti e dei sovranisti. L'unico modo per rispondere all'offensiva non è difendere lo status quo, ma rilanciare l'ideale europeo. Obama lo ha chiaro, chiarissimo. Molto più chiaro di tanti leader continentali, compressi da una visione burocratica. E gli Stati Uniti? Mancano un paio di settimane alle elezioni e il candidato Donald Trump – indietro in tutti i sondaggi – annuncia che in caso di sconfitta non riconoscerà la vittoria della Clinton. Obama è molto colpito da questo sgarbo istituzionale: "Nel nostro ordinamento la concessione della vittoria è un elemento fondamentale," mi spiega passeggiando in giardino, "e un passaggio di consegne ordinato è il presupposto della continuità democratica". Ricorda la telefonata di McCain nel 2008 e, più sofferta, l'analoga chiamata di Romney quattro anni più tardi. Mi sembra tutto semplice, tutto chiaro: uno vince, l'altro perde. Chi perde augura buon lavoro al vincitore e poi per quattro anni si lavora, senza troppe polemiche o trapploni parlamentari.

Mentre Obama mi parla, pregusto il momento in cui anche l'Italia finalmente avrà un sistema semplice. Basta un Sì al referendum, mi dico. Purtroppo è un Sì che non arriverà mai, e la speranza di conoscere anche in Italia la sera stessa delle elezioni chi governerà il paese andrà a infrangersi contro il risultato negativo del referendum costituzionale. Nei mesi dopo l'esito della consultazione del 4 dicembre in tanti si sono lamentati del rischio palude, dei difetti del proporzionale, della mancata possibilità di avere governi stabili. Ma piangere sul latte versato non serve, non basta.

Il destino è non meno beffardo con il presidente Obama. Perché il passaggio di consegne sarà, sì, ordinato. La telefonata di concessione sarà, sì, effettuata con tutti i crismi. Ma il vincitore sarà Donald Trump, non Hillary Clinton. Nessun errore nei sondaggi: il voto popolare vedrà prevalere la candidata democratica per quasi tre milioni di voti. Ma il voto dei delegati dà un altro responso, facendo passare il voto popolare in secondo piano: sarebbe curioso conoscere la tesi della nostra Corte costituzionale in proposito, vista la giurisprudenza sulle leggi elettorali maturata negli ultimi anni.

Ho pensato a lungo alla transizione tra il quarantaquattresimo e il quarantacinquesimo presidente degli Stati Uniti d'America. L'uomo del "Yes, we can" contro l'uomo del "You are fired". L'uomo dei discorsi costruiti con straordinaria abilità contro l'uomo dei tweet subitanei e improvvisi. L'uomo che è cresciuto in una battaglia politica durata anni, dalle periferie di Chicago al Senato, a Washington, contro l'uomo alla prima esperienza in politica, proveniente dal business immobiliare e dagli show televisivi. L'uomo che per fare una telefonata internazionale chiedeva il contatto su linea riservata attraverso i canali diplomatici contro l'uomo che mi chiama da cellulare a cellulare grazie ai buoni uffici di Flavio Briatore e Tom Barrack. Fatico a immaginare due modelli più diversi. Allo stesso modo, il contrasto tra l'immagine di Michelle Obama e quella di Melania Trump denota anche nel ruolo di first lady un modello sideralmente lontano. Proprio Michelle, d'altra parte, era stata la più chiara a marcare una distanza culturale durante la campagna elettorale: "When they go low, we go high," aveva detto tra gli applausi alla convention democratica di Filadelfia. "Se loro scendono di livello, noi saliamo".

La bellezza della democrazia americana è che ha un sistema di pesi e contrappesi per cui si può passare da Bush a Obama a Trump continuando a provare emozione per la bandiera a stelle e strisce. Perché il messaggio "Giusto o sbagliato, questo è il mio paese" non è uno slogan ma un abito mentale che nessuno si toglie, anche se vince il presidente votato dagli altri. È la quintessenza della mentalità americana, più propensa della nostra a valorizzare gli aspetti positivi: volendo sintetizzare in una parola, gli americani dicono "Wow!", gli italiani dicono "Mah...". Il loro è un codice di comportamento che anche noi dovremmo adottare. Non finirò mai di combattere perché l'Italia diventi più fiera e orgogliosa delle proprie istituzioni, chiunque abbia – pro tempore – l'onore di guidarle. Se durante la presidenza Obama la crescita dei posti di lavoro e la battaglia economica – terreni su cui il candidato senatore dell'Illinois era considerato un'incognita – hanno visto un risultato oggettivamente con pochi precedenti, più controverso è il giudizio sulla politica estera.

Obama arriva accompagnato da grandi speranze dopo gli anni dell'unilateralismo di Bush Jr con la sua dottrina dell'"esportazione della democrazia". Le attese riposte nella nuova amministrazione sono tante, e forse non sono ancora maturi i tempi per un bilancio delle sue scelte di politica internazionale. Personalmente, considero straordinariamente positivi i risultati dell'Accordo di Parigi sul clima del 2015, e ho visto con i miei occhi la tenacia di Obama nei confronti di cinesi e indiani, in primis, anche negli ultimi incontri con il primo ministro Narendra Modi direttamente a Parigi. Siglare all'Onu l'accordo sul clima è stata una delle emozioni più grandi della mia esperienza al governo. Quando ho apposto la mia firma a nome dell'Italia ho provato un brivido perché quell'accordo non era per noi, ma per i nostri figli. Lo penso a maggior ragione oggi, dopo la decisione di Trump di ritirare gli Stati Uniti da questo straordinario impegno.

Della politica estera di Obama trovo storica anche l'operazione con Cuba – ugualmente messa pesantemente in discussione da Trump, forse più per motivi ideologici che per reale convinzione –, come l'espandersi dei rapporti degli Usa con molti paesi del Sudest asiatico. Tutta ancora da risolvere la vicenda iraniana, nella quale comunque non è mancato il coraggio di provare a scrivere una pagina decisiva per il futuro dell'area. Sicuramente controverso il giudizio sul Mediterraneo del Sud, il Nord Africa. Dall'Egitto alla Libia, molte sono le questioni rimaste aperte. Ma Obama ha avuto il coraggio di ammettere – da presidente ancora in carica, in un'intervista a "The Atlantic", ed è stata una prima volta – di aver sbagliato in Libia. L'intervento in Libia si è rivelato un dramma totale. Del quale dovrebbero scusarsi in tanti, a cominciare da Cameron e Sarkozy. Le foto dei due leader accerchiati dalla popolazione festante di Bengasi hanno avuto grande risonanza mediatica nei loro paesi, ma non hanno certo aiutato la composizione di un puzzle tribale difficilissimo. Forse anche in Italia è mancato un giudizio critico, e autocritico, sull'atteggiamento del paese e del governo in quel delicato passaggio. Nessuno tra gli autorevolissimi protagonisti istituzionali di quella scelta – a differenza di Obama – ha mai avvertito l'esigenza di una sana autocritica. Stiamo ancora pagando le conseguenze di quella scelta del 2011 in termini di ridimensionamento del nostro ruolo nel Mediterraneo, ma soprattutto di afflusso impressionante di migranti. Migranti che, complice un sistema statuale indebolito, arrivano in Libia da mezzo mondo e da Sabrata tentano l'approdo nel nostro paese, attraversando quel Mediterraneo che è frontiera ma anche collegamento tra Europa e Africa.

 Mi sono formato in una cultura politica per la quale la questione Mediterraneo è cruciale e decisiva. Una cultura politica che ha sempre messo il "Mare Nostrum" al centro di ogni strategia diplomatica: celebri le parole di Aldo Moro, secondo cui "nessuno è chiamato a scegliere tra l'essere in Europa ed essere nel Mediterraneo, perché l'Europa intera è nel Mediterraneo". Quando divento capo del governo, spostare l'asse della politica estera europea dal solo confine orientale al confine africano diventa la priorità, e il mio primo viaggio segna questa scelta. È l'ambasciatore Armando Varricchio, prezioso collaboratore nella veste di consigliere diplomatico, a offrire l'idea giusta per la prima missione internazionale che guido come presidente del Consiglio: andiamo in Tunisia, partiamo dal Mediterraneo. La Tunisia è uno dei pochi paesi in cui la rivoluzione araba ha prodotto una Costituzione moderna e non una dittatura estremista; dove la lotta al fondamentalismo è molto difficile ma viene combattuta senza esitazioni. Lì le donne stanno acquisendo una maggiore influenza, e così scelgo tra le prime mete un caffè di Tunisi dove incontrare alcune figure femminili della società civile, guidate dalla blogger Lina Ben Mhenni.

Sebbene sia difficile sintetizzare in poche battute le priorità della politica estera dei mille giorni trascorsi al governo (che devono essere, per me, anche quelle future), provo a farlo individuando cinque punti.

Innanzitutto, come già accennato, la centralità dell'Africa. Per la prima volta il capo del governo organizza visite ufficiali (una all'anno) sotto il Sahara. Incredibile a dirsi, in settant'anni di storia repubblicana non era mai accaduto. Etiopia, Nigeria, Congo-Brazzaville, Kenya, Mozambico, Angola, Senegal, Ghana sono le tappe di una strategia nuova: se vogliamo imporre all'Europa di cambiare sguardo e prospettiva, dobbiamo essere noi i primi a farlo.

La centralità dell'Africa assume dunque il significato di una scommessa politica sia nazionale che europea, una politica energetica, culturale, civile. Nello stesso momento in cui investiamo in questo rinnovato rapporto, torna a crescere l'impegno italiano per la cooperazione internazionale, letteralmente massacrato negli ultimi anni, e recuperato da una capillare azione condivisa a livello parlamentare e nell'esecutivo. L'Africa è il futuro del pianeta, non cogliere questa evidenza sarebbe un errore letale, a maggior ragione per chi, come l'Italia, si affaccia sul Mediterraneo e può costituire un ponte economico e geopolitico.

Questo è il secondo punto. Non solo Africa: l'Italia deve avere una presenza più forte e stabile in tutte le aree emergenti del mondo. Dal Vietnam a Cuba, dalla Colombia all'Australia, sono numerosi i paesi in cui la mia è la prima visita ufficiale di un presidente del Consiglio italiano. Questa intensa azione diplomatica ed economica serve a un paese – qualunque esso sia – per creare chance, occasioni, opportunità. E purtroppo per molti anni, mentre altri paesi si concentravano sulla valorizzazione dell'export e delle iniziative all'estero, la politica italiana è apparsa – anche perché spesso lo era – tutta rinchiusa in polemiche interne; e il capo del governo doveva rimanere blindato a Roma, altrimenti al ritorno in patria rischiava di non trovare più neanche la poltrona. Nei prossimi anni, invece, avremo sempre più bisogno di un governo capace di allargare l'orizzonte e il confine tradizionale della politica estera.

Il terzo cardine della politica estera italiana di questi anni è costituito dalle donne. Noi abbiamo messo al centro la questione femminile, anche se considerata di scarso interesse politico, anche se non sembra centrale nel dibattito pubblico. I momenti più alti di politica estera li ho vissuti quando ho accolto ai piedi di una scaletta a Ciampino Meriam, la ragazza sudanese costretta a partorire in catene perché cristiana e tenuta a lungo prigioniera in ragione della sua fede. E quando, insieme all'avvocato Amal Clooney ho stretto la mano a Nadia, una delle ragazze yazide testimoni dell'orrore e della riscossa contro la follia dell'estremismo islamico, capace di ogni tipo di violenza. Abbiamo scelto di stare dalla parte degli yazidi fin da quando siamo andati a Erbil, nel Kurdistan iracheno, nell'agosto del 2014, in un momento in cui ancora non ci andava nessuno: portammo la voce dell'Europa – eravamo presidenti di turno – nel cuore di un conflitto di cui si parlava poco e male. E fu una missione difficile, quindici giorni dopo la fine dell'avanzata del sedicente stato islamico: in una situazione di pericolo e inquietudine come mai abbiamo poi vissuto nel corso degli anni, ripartimmo da Erbil con l'aereo a luci spente e mettendo in atto altri accorgimenti per garantire una maggiore sicurezza. E con l'impressione di lasciare il luogo in quel momento più caldo del pianeta.

Considero un momento importante anche l'incontro con le bambine siriane e libanesi della scuola di Beirut finanziata dalla cooperazione italiana, in occasione del quale abbiamo ascoltato i loro sogni e le loro paure. Così come la battaglia contro le mutilazioni genitali femminili e contro i matrimoni precoci, che in sede Onu l'Italia sostiene con energia e determinazione. Noi lo diciamo forte e chiaro, e continueremo a dirlo anche nella sessione ministeriale del G7 dedicata alle donne che l'Italia ospiterà a Taormina nel novembre 2017: il mondo non si cambia senza un protagonismo incisivo delle donne. E se questi temi non sfondano sui grandi canali di informazione, non per questo dobbiamo disinteressarcene. Anzi, paradossalmente dobbiamo richiamarvi lo sguardo dell'opinione pubblica ancora di più.

Il quarto pilastro è una presenza sempre più forte all'interno delle Nazioni Unite. L'Italia siede nel 2017 nel Consiglio di sicurezza dell'Onu dopo una candidatura rocambolesca – presentata molto in ritardo – e riacciuffata per i capelli grazie a un accordo con il primo ministro olandese Mark Rutte. Ci chiudiamo in una pausa dei lavori del Consiglio europeo al telefono con i ministri degli Esteri Gentiloni e Koenders che in quel momento sono insieme nel Palazzo di vetro. Nessuno ci vede attaccati a due cornette del telefono tra Bruxelles e New York impegnati in un accordo quasi inedito nella storia dell'Onu. Ma non è solo un fatto tecnico. Italia e Olanda danno la dimostrazione di una cooperazione europea molto forte e stretta. La presenza di personalità italiane dentro il Palazzo di vetro è sempre stata ampiamente deficitaria. Eppure l'Italia è uno dei paesi che maggiormente concorrono alle missioni dei Caschi blu, ed è in prima linea nell'emergenza migranti. All'allora segretario dell'Onu Ban Ki-moon, che continuava a ringraziarci per il nostro impegno nel Mediterraneo, risposi provocatorio che non doveva ringraziarci, bensì venire con noi. Con un aereo e un elicottero lo portammo su una delle nostre navi in prima linea nel soccorso ai migranti. E gli mostrammo la professionalità, l'umanità, la dedizione delle nostre donne e dei nostri uomini. Non ho mai visto Ban Ki-moon così commosso. E sarà un caso, per carità, ma quando si è trattato di scegliere l'Alto rappresentante per i rifugiati, lui ha designato finalmente un italiano, il bravissimo Filippo Grandi, il connazionale che ad oggi ha rivestito il ruolo più elevato nella grande famiglia delle Nazioni Unite. Dobbiamo far sentire maggiormente la nostra voce e non con spirito di rivendicazione patriottica (mai come alle Nazioni Unite ci sentiamo cittadini del mondo), ma perché le battaglie che l'Italia ha portato davanti alle Nazioni Unite sono sempre state battaglie di civiltà, battaglie di cui il mondo intero ha bisogno. A cominciare dalla storica sfida per l'abolizione della pena di morte, che vede molte realtà italiane – dai radicali di Nessuno tocchi Caino fino alla bellissima esperienza nata dal carisma di Andrea Riccardi della Comunità di Sant'Egidio – in prima linea anche a livello globale.

Quinto e ultimo punto. L'elemento umano nella relazione con gli altri leader. Ha ragione chi sostiene che la dimensione umana conta molto nelle questioni di politica estera – e in questo senso l'Italia è penalizzata dall'instabilità e dal continuo turnover dei governi, che non dà neanche il tempo di sviluppare una consuetudine.

Solo per fare alcuni esempi, le conversazioni a cena con Xi Jinping sul rapporto tra Italia e Cina, ma anche sull'evoluzione del concetto di democrazia, di opinione pubblica, di libero mercato, sono state per me occasioni di arricchimento culturale e politico. Così come gli incontri con Mauricio Macri, tra una battuta sul Boca Juniors e un occhio all'interscambio italo-argentino. O le chiacchiere con il presidente colombiano Santos che, prima di diventare premio Nobel per la pace, è stato il cofondatore, insieme al sottoscritto, della corrente Terza via con allegria, un centrosinistra internazionale che sapesse prendersi sul serio ma con leggerezza. A Bibi Netanyahu, davanti alla Knesset, il parlamento israeliano, dico che Israele non ha semplicemente il diritto di esistere, ma molto di più, ha il dovere di esistere. Cerco il dialogo anche con i leader arabi, dal re giordano all'emiro del Qatar, dai nuovi leader giovani sunniti in Arabia Saudita e negli Emirati fino alla leadership iraniana che incontro a Teheran, primo capo di un governo occidentale dopo la firma degli Accordi di Ginevra.

E ancora la cena con Raul Castro, che mi racconta di come Che Guevara operasse i gatti (non benissimo, a dirla tutta), di come lui e Fidel abbiano vissuto l'invasione della Baia dei Porci e la crisi dei missili, di come si debba fumare un sigaro. E quando gli comunico che devo ripartire per l'Italia per incontrare la mia opposizione interna, prima mi domanda: "Che cosa è l'opposizione?", poi mi lascia un sigaro: "Portalo anche a quelli dell'opposizione, gli farà bene".

Partiamo per tornare in Italia non prima di aver ricevuto il libro di memorie di Raul, che verga di suo pugno dediche molto affettuose a tutta la delegazione italiana. Finché, quando arriva all'allora viceministro Calenda, ignaro delle sue radici confindustriali, scrive: "Al compañero dottor Calenda". Il compañero viceministro è abbastanza imbarazzato. "Non lo diciamo a nessuno, Carlo, tranquillo. Quando ti candiderai con la destra, farò finta di non aver visto questa dedica," gli sussurro all'orecchio.

A mio modestissimo avviso, Raul Castro non è l'unico ad avere un peculiare concetto dell'opposizione. Una discussione franca sul tema farebbe bene anche in Italia. Su un volo di ritorno dal Giappone, mentre sorvoliamo le Coree, mia figlia Ester, che per una volta ci ha accompagnato, è sveglia a smanettare sull'iPad mentre io guardo alcune carte. Il comandante ci manda a chiamare: "Ester, vuoi vedere una cosa speciale? Stiamo sorvolando la Corea del Sud, vedi quelle luci?". "Sì." "Bene, quella è la Corea del Sud. E invece vedi che lì sopra non c'è niente di illuminato, tutto è buio, totalmente spento?" "Vedo." "Sai perché è così buio? Perché quella è la Corea del Nord. La Corea del Nord è una pericolosa dittatura e per scelta non illuminano niente, tengono tutto al buio." Ester rimane colpita, la parola "dittatura" la fa corrucciare. Poi, mentre la riaccompagno al suo posto, prendendomi la mano mi dice a voce bassa: "Babbo, l'altro giorno a La7 hanno detto che tu vuoi fare una riforma della Costituzione per portare la dittatura in Italia. Non è che adesso spegni le luci anche da noi, vero?". Non so se ridere o piangere. Nel dubbio, la abbraccio e la stringo forte. "Non ci sarà mai più la dittatura in Italia, non dare ascolto a chi racconta che spegneremo le luci. E non credere, amore mio, a tutto quello che dice la tv. E, per favore, rimettiti a guardare *Braccialetti rossi*, non i talk show."

In tutti i luoghi che ho visitato, ho parlato nelle università, perché parlare agli studenti, ascoltarli, è la forma più alta di dialogo per un politico. E avere il triste dovere di farlo alla Sorbona per ricordare la nostra Valeria Solesin, la giovane studiosa di sociologia vittima dell'attacco terroristico al Bataclan, rimane nel mio cuore come una delle esperienze più intense. Il discorso più difficile l'ho pronunciato però a San Pietroburgo nel giugno del 2016. Divento presidente del Consiglio lo stesso giorno in cui scoppia ufficialmente il caos in Ucraina, con la rivolta a Kiev in piazza Maidan, il 17 febbraio 2014. Dunque i rapporti tra Europa e Russia scendono ai livelli minimi. Nei consigli europei i toni sono quelli da guerra fredda e facciamo ogni sforzo per mitigare il codice di linguaggio, tenendo faticosamente aperto il dialogo. Vado in visita ufficiale al Cremlino, sfidando le ire dei colleghi baltici e non solo, ostinatamente convinto della necessità di tenere aperto un canale di comunicazione e di confronto. Passo a Kiev, prima di toccare Mosca. E una volta nella capitale russa non rinuncio al gesto di portare dei fiori nel luogo in cui qualche giorno prima è stato ucciso un oppositore russo, Boris Nemtsov. In Europa sono accusato di essere filorusso. In Italia quasi tutte le opposizioni mi accusano di essere antirusso. È una situazione paradossale, ma credo anche molto semplice da spiegare.

La Russia di Putin deve rispettare il diritto internazionale, a cominciare dai confini territoriali dell'Ucraina e dai diritti civili e dell'informazione. Nello stesso tempo, pensare di tornare a uno scenario da guerra fredda è pura follia. La Russia non è semplicemente il vicino di casa più grande che abbia l'Europa: è Europa, come diceva Dostoevskij. Perché lo è sotto il profilo della cultura e dei valori, innanzitutto. Mi rendo conto di non riuscire a spiegare bene questo concetto quando parlo con i miei amici americani, ma quando Dostoevskij scrive a proposito della bellezza che salverà il mondo (e lo scrive a Firenze, peraltro, in piazza Pitti, dove alloggia per qualche mese mentre lavora alla conclusione dell'*Idiota*), sta esplicitando un valore potente e profondo che tiene insieme Europa e Russia.

Putin lo sa bene. E così, quando l'esercito russo libera Palmira dai tagliatori di gole islamici, il presidente russo non organizza una parata con tanto di fanfara e bandiere, ma fa eseguire nell'anfiteatro romano un concerto di musica classica diretto dal suo direttore d'orchestra preferito.

Putin è un tattico e uno stratega. Quando mi invita come ospite d'onore al Forum economico internazionale di San Pietroburgo nel giugno del 2016, immagina di mettermi alla prova. Accetto l'invito nonostante il parere contrario di quasi tutti i collaboratori e di molti alleati. Ci vado lo stesso, e a testa alta, a dire le cose sulle quali siamo d'accordo e quelle che ancora ci dividono. E ci vado senza alcuna incertezza, perché Europa e Russia hanno bisogno di ponti, non di muri. Questo è quello che sostengo nel mio intervento, ma difendo anche il sistema democratico americano dalle frecciatine di Putin e ribadisco l'importanza di mantenersi fedeli agli accordi siglati a Minsk: *pacta sunt servanda*. Concludo poi sulla necessità di tenere la Russia nella grande alleanza internazionale contro il terrorismo, con un ruolo preminente.

La complessità della questione russa, che non si presta a semplificazioni affrettate, dimostra – una volta di più – che occorre avere una visione geopolitica che non si limiti alla superficialità di un tweet, e apre un ulteriore campo di riflessione per la politica italiana. Perché è utile, utilissimo confrontarsi in materia di politica estera, in modo civile e collaborativo, anche con gli altri partiti dell'arco parlamentare. Non sono con te in maggioranza, va bene. Ma sono italiani. E come tali hanno il diritto, e il dovere, di dare una mano. Se ne sono in grado, però.

Per questo mi preoccupo quando penso alla totale e scandalosa mancanza di competenze e progetti nella politica estera dei 5 Stelle, arrivando a considerarla il loro difetto più pericoloso. Tutti scrivono giustamente paginate a proposito del populismo del Movimento 5 Stelle o della mancanza di chiarezza del leader Grillo su questioni importanti legate all'evasione fiscale o alla democrazia interna. Sono argomenti di rilievo. Ma ciò che mi colpisce davvero è l'assoluta impreparazione sul versante internazionale. I rappresentanti ufficiali della linea di politica estera del Movimento sono stati capaci in questi anni di inanellare una serie di frasi davvero difficili da metabolizzare. E non soltanto in relazione alla Russia, ma anche agli altri dossier.

Nel magico mondo del blog di Beppe Grillo il Venezuela diventa un modello da seguire – un paese che soffre in modo terribile, con un presidente che lotta contro il parlamento e sospende la democrazia, mentre il popolo è alla fame e la sanità, l'ordine pubblico e l'economia sono collassati; un paese dove le proteste dei cittadini si fanno ogni giorno più affollate e la repressione aumenta di livello fino a provocare vere e proprie stragi tra i manifestanti: un paese che bisogna trovare il modo di aiutare a uscire da un incubo, non certo prendere a esempio per la politica italiana.

Ma il magico mondo del blog non è quello dove vivono i cittadini venezuelani che protestano e rischiano la vita. È un mondo a parte, dove si può pensare e dire pubblicamente, come ha fatto il responsabile della politica estera 5 Stelle, Manlio Di Stefano, che con l'Isis bisognerebbe trattare, che "fenomeni radicali come l'Isis sarebbero da approfondire con calma e rispetto". Calma e rispetto, l'Isis? Che cosa facciamo: li invitiamo a cena, senza fretta? Il "New York Times" stila una classifica con le dieci menzogne più clamorose della politica mondiale, e tra esse figura la dotta considerazione di un deputato italiano, Alessandro Di Battista, sul rapporto tra Nigeria, Ebola e Boko Haram. Del resto non bisogna fidarsi degli americani: sono considerati dei complottardi dal deputato Sibilia, che nella ricorrenza dell'allunaggio del 1969 svela al mondo intero, su Twitter, che sulla Luna gli americani non ci sono mai andati: "Dopo 43 anni ancora nessuno se la sente di dire che era una farsa...". La deputata Basilio spiega che non è da escludersi la presenza delle sirene, intese non come quelle della polizia o dell'ambulanza, ma come donne metà umane metà pesce, nei nostri mari: e io, ingenuo, che pensavo che il problema del Mediterraneo fosse l'immigrazione. Non solo scie chimiche e congiuntivi, dunque: proprio una visione del mondo che fatica a mettere a fuoco la distanza tra Venezuela e Cile, così come la distanza tra il mondo virtuale degli algoritmi e la realtà.

Fare strafalcioni in politica estera significa farci ridere dietro da mezzo mondo. Non avere una visione in politica estera significa essere ininfluenti, deboli sullo scacchiere internazionale. Significa finire invischiati con l'esperto dei 5 Stelle in Commissione parlamentare sui servizi segreti, Angelo Tofalo, in relazioni discutibili con presunti trafficanti di armi che in Libia stanno dalla parte opposta a quella sostenuta dal governo italiano e dalla comunità internazionale.

In questo senso il Movimento 5 Stelle oggettivamente deve fare un salto di qualità. Prima di essere un loro avversario politico, sono un cittadino italiano. E mi fa paura pensare che una forza politica che si candida a governare il nostro paese possa rivelarsi priva di un orientamento di politica internazionale che non dipenda dalle giravolte del momento.

A maggior ragione questo vale per l'Europa e per l'idea di Europa che hanno i 5 Stelle. Uscire dall'euro, oggi, significa uccidere la nostra economia e le nostre aziende, è una cosa seria. Eppure i pentastellati oscillano, dondolano, come se fossero su un'altalena, tra le due posizioni più estreme.

Perché non è vero che Grillo non ha le idee chiare. Grillo sull'euro ha le idee chiarissime. Solo che sono due, e le cambia una volta al giorno. Un giorno vuole uscire subito, un giorno no. Un giorno sta con Farage e il giorno dopo con Verhofstadt. Un giorno è euroscettico, il giorno dopo diventa un fan della moneta unica.

La contraddizione naturalmente non riguarda solo il Movimento 5 Stelle ma anche il populismo in camicia verde guidato da Matteo Salvini, che peraltro è parlamentare europeo ma pare ricordarsene solo il ventisette del mese, giorno dello stipendio, come il deputato belga Marc Tarabella si incaricò di spiegargli in un intervento in aula il cui video è diventato presto virale:

> Collega Salvini, è una vergogna sentirvi in aula perché per un anno e mezzo abbiamo lavorato con gli altri colleghi. [...] Sei l'unico che non abbiamo mai visto in riunione. [...] Abbiamo lavorato nell'interesse delle piccole aziende, dei lavoratori e degli appalti pubblici sani. Come farà a spiegare ai suoi elettori che è un fannullone in questo parlamento? È solo in tv e mai in aula, mai in riunione per lavorare. [...]

Se infatti Berlusconi pare aver abbracciato definitivamente la causa del Partito popolare europeo, come può declinarsi un'alleanza del Ppe che tenga insieme il compagno di strada nostrano della Le Pen? O di Farage? O di Wilders? Se non vincerà da sola le elezioni, la Merkel si alleerà con i socialdemocratici, non con Alternative für Deutschland. E in Italia? Quando finalmente la destra farà chiarezza?

La nostra posizione è chiara: siamo dalla parte dell'Europa, il più grande progetto mai realizzato nella storia delle istituzioni universali. Ma non ci piace un modo di procedere che sta rendendo il Vecchio continente più simile a una macchina burocratica che non al grande sogno dei padri fondatori. "Europa sì, ma non così," diciamo sintetizzando. Contrastiamo la visione euroscettica dei populisti, visione sbagliata e sballata. Ma siamo altresì persuasi che il principale aiuto ai populisti arrivi dagli eurodogmatici, quelli per cui se lo dice un funzionario di Bruxelles allora è la verità, punto. Capita a tutti i grandi progetti dispersi dopo anni nelle secche della quotidianità. E capita, come scriveva un esponente della Scapigliatura milanese, Carlo Dossi, in *Note azzurre*, che "l'utopia di un secolo spesso diviene l'idea volgare del secolo seguente". Non è volgare l'Europa dei tecnocrati: è semplicemente insipida, perde il suo sapore. Ecco perché c'è un grande bisogno di occuparsi del rilancio continentale almeno quanto ci occupiamo del bilancio nazionale. Perché di qui passa il futuro.

Quando arrivo al primo Consiglio europeo sono reduce da qualche incontro con i colleghi del Partito socialista europeo, ma di fatto non conosco nessuno. Ho una visione incantata delle istituzioni europee, un amore profondo per i grandi statisti che hanno costruito l'Europa; ben presto, però, realizzo che se Adenauer, De Gasperi e Schuman potessero vedere il livello micragnoso delle discussioni sulla redazione del testo dei documenti, non dico che diventerebbero euroscettici, ma certo qualche domanda se la farebbero. Passiamo intere giornate a litigare sulle virgole di una dichiarazione finale che leggeranno meno persone di quante hanno contribuito a scriverla. Sono limature di testo che servono a orientare conferenze stampa post-riunioni del tutto inutili se non a giustificare il viaggio – doveroso – della stampa. Ma nel 99% dei casi la montagna non partorisce nemmeno il proverbiale topolino: produce solo aria fritta, che gira nella bolla autoreferenziale del Palazzo Justus Lipsius.

Palazzo che si trova a due chilometri in linea d'aria da Molenbeek: un quartiere che ha perso la propria identità, in cui crescono i terroristi macabri e squallidi che uccidono al Bataclan e all'aeroporto di Bruxelles. Contrastare la loro folle visione kamikaze: questo dovrebbe fare chi lavora nel palazzo delle istituzioni europee. Offrendo più sicurezza, certo, ma anche più ideali, educazione, cultura: tutti argomenti che non trovano mai spazio nei documenti finali pieni di retorica e buoni propositi del Consiglio europeo. Retorica e realtà sono a volte molto distanti. In Italia siamo sempre pronti a rappresentarci come un paese pieno di difetti atavici, riproponendo una retorica autodenigratoria che non corrisponde alla nostra realtà. Per esempio: diciamo sempre che siamo i più inclini in Europa a cercare la raccomandazione amicale, la famigerata spintarella. Negli altri paesi non succede. Bene, non faccio in tempo a sedermi al tavolo del Consiglio europeo che un collega primo ministro – molto simpatico, peraltro, e di un paese non mediterraneo – mi lascia una busta con dentro il curriculum di una persona che deve trovare lavoro in Sardegna. Vorrei rispondergli a muso duro che la mia preoccupazione per la Sardegna è risolvere la situazione dei lavoratori del Sulcis, incoraggiare gli investimenti in ambito tecnologico, turistico e agroalimentare, trovare una soluzione alla questione Meridiana, sbloccare il vasto investimento dell'ospedale Mater Olbia. Non sistemare l'amico di un primo ministro che come tutti i politici tiene... il collegio. Ma poi sorrido tra me e me e mi dico che davvero tutto il mondo è paese, e l'Italia è meglio di quello che noi stessi pensiamo.

Dall'altra parte del tavolone dei ventotto capi di governo è seduta una signora che mi sta squadrando e seguendo con gli occhi: proprio lei, la cancelliera federale, Angela Merkel. Il galateo continentale, elegante ma spesso ipocrita come molti galatei, impone a tutti di chiamarsi per nome: Angela, François, David; sembriamo tutti in gita scolastica. Solo che io le scuole medie le ho fatte orgogliosamente a Rignano sull'Arno, e da me col nome di battesimo si chiamano solo poche persone, pochissime col soprannome. Penso a qualche riunione del Pd, dove chi ha fatto esperienza nel Pci chiama l'interlocutore ancora rigorosamente per cognome, altro che amico o compagno. Ovviamente però mi adeguo allo stile della casa e inizio a chiamare i miei colleghi per nome. Così, la prima volta che vado in paese a prendere un caffè un amico dei tempi degli scout mi dice: "Ti ho seguito in conferenza stampa. Eri semplicemente ridicolo a chiamarli per nome. O che ci hai mangiato la pappa insieme?".

La Merkel, che mezza politica nostrana descrive come la principale stratega di una visione anti-italiana, diventa improvvisamente Angela, una collega. Il nostro è un rapporto intenso ma complicato. Io la stimo, e certo non concordo minimamente con chi la indica come la responsabile dei problemi italiani: se l'Italia non va è colpa dei politici italiani. E del resto noi italiani abbiamo tutto l'interesse ad avere un buon rapporto con i paesi che si trovano a nord del Brennero: interi distretti del Nordest sono in sostanza totalmente interconnessi con l'economia tedesca, a cominciare dalle principali aziende lombarde, venete ed emiliane.

Contemporaneamente mi rendo conto che in Consiglio lei è talmente rispettata e presente su tutti i dossier che in pochi hanno il coraggio di smentirla o contestarla pubblicamente. Cosa che io invece faccio in più di una circostanza. L'idea che nessuno possa permettersi di sollevare la minima perplessità sulle contraddizioni tedesche mi fa infervorare. Gli scambi con la Merkel sono duri su molte questioni, dalla flessibilità di bilancio al rapporto con la Russia, dalle scelte energetiche alla tutela del "Made in". Fino alle banche regionali tedesche – sul cui discutibile sistema di governance e controllo sono l'unico a puntare il dito in modo esplicito e trasparente – e alle contraddizioni della politica economica di Berlino, che peraltro non rispetta gli impegni europei in materia di surplus commerciale, scelta per la quale chiedo formalmente che la Commissione verifichi una possibile procedura di infrazione.

Sono tutte iniziative che non risultano molto gradite alla controparte, diciamo così. E sono temi difficili, me ne rendo conto. Anche in casa nostra in tanti mi criticano per la posizione che tengo nel dialogo continentale. Ma per me è cruciale far emergere in modo evidente che l'Italia non va alle riunioni di Bruxelles per prendere la lista della spesa delle cose da fare. Se su alcuni punti non la penso allo stesso modo degli altri, trovo naturale dirlo. Ad alta voce, senza troppi giri di parole. E in più di una circostanza sbotto anche davanti ai giornalisti.

Dopo l'ennesima riunione inutile, esco dalla sala e dico alle telecamere: "Van Rompuy ci ha convocato per perdere tempo. Per le cose che ci doveva dire bastava che ci mandasse un sms su WhatsApp. Gli ho suggerito per la prossima volta di fare così". Nelle ovattate sale europee questo atteggiamento inquieta. "Non sai che pace c'è senza di te a Bruxelles," mi dice ridendo il primo ministro maltese Joseph Muscat quando viene a Torino al Lingotto nel marzo del 2017. Io però credo nell'Europa dei valori e dell'innovazione, della curiosità e della passione: non possiamo anestetizzare tutto e vivere di discussioni autoreferenziali.

La Merkel non apprezza lo stile con cui apro – spesso volutamente – polemiche in Consiglio, ma inizia a scrutarmi per capirmi meglio, e tra noi nel tempo cresce un rapporto di collaborazione. Continuiamo a pensarla in modo diverso su tante cose, ma nei passaggi chiave la cancelliera non di rado ci dà una mano. Una notte di giugno del 2015 inchiodo tutto il Consiglio fino alle tre del mattino sul tema dei ricollocamenti dei migranti. La presidente di uno dei paesi baltici dice che l'Italia sta puntando una pistola alla testa degli altri. Le ricordo che l'Italia sta guidando una missione Nato che ha lo scopo di difendere il suo paese: se proprio ritiene che siamo dei minacciatori, possiamo interrompere il nostro servizio fin dal matti-

147

no dopo, se crede. L'intervento della Merkel e le scuse dal Baltico evitano ulteriori polemiche. E quando alcuni paesi non vogliono cedere all'Italia la poltrona di Alto rappresentante dell'Unione sulla politica estera, un braccio di ferro che dura settimane, la situazione si sblocca anche grazie all'azione della cancelliera tedesca.

Durante un Consiglio europeo, avendo notato che sto scrivendo un sms a mia figlia – la quale, nella sua passione per la cosa pubblica, ha una naturale simpatia verso le donne che fanno politica –, Angela Merkel mi chiede il telefonino e invia personalmente a Ester un sms. Organizziamo un incontro bilaterale a Firenze e scelgo di fare la conferenza conclusiva sotto il *David* dopo aver visitato Palazzo Vecchio, la Galleria degli Uffizi e Palazzo Pitti. Giusto per ribadire che l'Europa è anche bellezza e cultura, non solo spread e austerity. E quando la saluto fuori dall'Accademia, Angela mi dice: "Ho capito più cose di te stando due giorni nella tua città che non in decine di riunioni insieme".

Il tema su cui siamo più lontani è l'economia. Io credo che la politica di austerity adottata dall'Unione europea sia un tragico errore. Lei pensa che il mio sia un modo per continuare a rinviare le riforme strutturali di cui l'Italia ha bisogno. Il punto di partenza, dunque, è di diffidenza reciproca. Sono fortemente impegnato in casa per affermare un'idea diversa d'Italia. Ma non posso accettare che il dogma dell'austerity sia considerato intoccabile.

Il grande risultato delle europee 2014 dà forza a me e al Pd. Ma soprattutto dà forza all'Italia. Il primo vertice dopo il successo delle Europee si svolge a Ypres, non lontano da Bruxelles. Lì i capi di governo ricordano il centenario della Prima guerra mondiale. Ed è un momento molto commovente. In quella che una volta era una chiesa, ci riuniamo in serata per il dibattito economico, e la commozione passa velocemente. Vado all'attacco, molto deciso. In tutto il documento si parla solo e soltanto di austerity e patto di stabilità. Sembra che l'Europa non avverta il dramma sociale di chi sta perdendo i posti di lavoro, il disagio di chi non riesce ad andare avanti. Chiedo che si cambi totalmente rotta, ma la proposta non suscita molto calore. Allora minaccio per la prima volta di non votare le conclusioni e di prendere in pubblico le distanze dal documento finale. Il Pd ha appena vinto le europee, nessuno può permettersi una rottura dell'Italia. Perché, piaccia o no, in Europa contano anche i rapporti di forza. Infatti, la Merkel lavora per la mediazione. E, per la prima volta dopo mesi, nel documento finale compare il riferimento alla crescita e alla flessibilità.

Prendiamo coraggio, e con l'aiuto di Martin Schulz e di una parte del Partito socialista europeo decidiamo di alzare la posta: se i popolari vogliono la presidenza della Commissione per Juncker, devono accettare di mitigare la dura traiettoria del Fiscal compact. Nel corso di un vertice all'Eliseo dell'estate 2014 riesco finalmente a portare tutti i colleghi socialisti sulla stessa linea. O c'è la flessibilità o noi non votiamo Juncker. Che rischia sul serio, anche perché nel frattempo perde i voti del Regno Unito e dell'Ungheria. La flessibilità, dunque, non è stata graziosamente concessa dall'Unione europea, ma è stata ottenuta a colpi di battaglia politica: un risultato reso possibile da un utilizzo deciso del potere di moral suasion da parte dell'Italia, aumentato dalla vittoria del partito di governo alle elezioni europee che arriva proprio nei mesi della presidenza di turno dell'Unione. Basta avere un calendario sotto mano per averne la prova: la data in cui Juncker comunica la flessibilità dei conti pubblici è il 13 gennaio 2015, esattamente il giorno in cui l'Italia presenta al parlamento europeo riunito a Strasburgo i risultati del semestre.

Poche parole come il termine "flessibilità" si sono

prestate a equivoci. Quando Mario Monti o Enrico Letta dicono "Renzi ha avuto più flessibilità di noi", dicono il giusto. Perché noi la flessibilità ce la siamo presa, conquistata con sudore, fatica e voti. Ma questo non significa che noi abbiamo avuto più margini di bilancio, anzi: è vero il contrario. Com'è possibile? Monti approva il Fiscal compact, il Patto di bilancio europeo, nel 2012. Solo che, sorpresa!, quelle regole draconiane non valgono per lui, ma solo per i suoi successori, perché le norme entreranno in vigore dal 2015, non subito. Nei fatti, sono un regalino affettuoso ai posteri. Così, i vincoli di bilancio che hanno i governi dei miei predecessori sono ancora quelli dei vecchi parametri di Maastricht: per esempio, prevedono che il deficit non superi il 3% del Pil. Sia il governo Monti che quello Letta si attestano su quella cifra. Il mio governo, invece, scenderà fino al 2,3%: quindi noi abbiamo molti margini di spesa in meno di quelli che sono stati concessi a Monti e Letta. Di fatto, siamo più rigorosi di chi ci ha preceduto.

Vi domanderete: e allora perché invocare la flessibilità? Perché se quella flessibilità per cui ci siamo battuti non ci fosse stata concessa, avremmo dovuto scendere ulteriormente verso l'1% prima e il pareggio di bilancio poi. Con quali effetti depressivi sull'economia reale e le tasche degli italiani, vi lascio immaginare. Dunque noi non abbiamo sprecato un regalo dell'Unione europea: ci siamo conquistati – grazie ai voti, si chiama democrazia anche se i tecnici spesso la sottovalutano – il diritto di avere un percorso di rientro meno severo di quello che gli stessi tecnici ci avevano preparato. Ma abbiamo comunque gestito le risorse degli italiani, quindi dei nostri figli, con maggiore oculatezza rispetto al passato.

In un duro scontro in Senato Monti mi ha rimproverato di non saper trattare con gli altri leader europei. Se trattare significa cedere sul Fiscal compact o sulle banche, è vero: non so trattare come ha fatto lui. Ma fatico a considerarlo un errore.

I governi precedenti si sono fatti imporre il Fiscal compact, noi ci siamo presi la flessibilità.

I governi precedenti hanno messo le clausole di salvaguardia, noi abbiamo abbassato le tasse.

I governi precedenti hanno firmato il Trattato di Dublino sui richiedenti asilo, noi abbiamo proposto il Migration compact.

I governi precedenti hanno prodotto precarietà. Noi abbiamo prodotto il Jobs Act.

Noi abbiamo polemizzato con le istituzioni europee per difendere l'interesse nazionale, perché credo che sia questo il modo giusto di stare a Bruxelles: non passare il tempo a parlar male dei propri connazionali rappresentandoli come un popolo che non cambierà mai se non attraverso le imposizioni di una élite illuminata – o presunta tale – che, priva di voti, si appoggia ai diktat europei.

Sono stato a lungo attaccato per aver partecipato a due iniziative, una conferenza stampa e uno dei miei fili diretti su Facebook chiamato "Matteo risponde" senza bandiere europee. Mi hanno accusato di strizzare l'occhio ai populisti e di non avere a cuore il progetto europeo con allarmati commenti fatti magari dagli stessi che due mesi prima mi avevano criticato come europeista velleitario per essere andato a Ventotene. La cosa è molto semplice.

Le scosse di terremoto di fine ottobre 2016 non causano morti solo per miracolo. Sono le scosse più forti che l'Italia ha affrontato dai tempi dell'Irpinia, nel 1980. Interi paesi vengono giù e il simbolo di questo crollo diffuso nella regione centrale del paese è a Norcia, dove la basilica di San Benedetto, il patrono d'Europa, si ripiega su se stessa. È un momento di forte emozione per tutti gli italiani ma anche per chi, all'estero, vede in televisione le immagini di questo patrimonio plurisecolare abbattuto dalla forza della natura.

Passo la giornata dei Santi, con Agnese, in mezzo agli sfollati; cerchiamo di sostenere innanzitutto il morale di chi è in prima fila, dalla Protezione civile ai sindaci; ci inventiamo le iniziative più diverse per assicurare che ricostruiremo. E che cosa fanno i soliti, puntualissimi, tecnici della struttura europea? Mentre crollano le case ti inviano un pizzino verbale – sotto forma di soffiata ai giornalisti italiani a Bruxelles – per dire che la legge di bilancio 2017 va bene solo se il deficit sarà ulteriormente ridotto di 0,2 punti.

Stiamo parlando di spiccioli per un paese come l'Italia: appena tre miliardi di euro. Ma come si fa a non capire che, mentre tutti siamo concentrati sul sostegno agli sfollati e sulle necessarie linee guida per la ricostruzione, l'Europa dovrebbe essere con il proprio cuore nella basilica del patrono san Benedetto, invece di scegliere quel momento per fare una richiesta (marginale) di assestamento del deficit? Questo è quel che succede quando la politica abdica alla tecnocrazia.

Mi indigno. E vado in conferenza stampa senza bandiera europea. "Renzi vuole parlare ai populisti," commentano i social. Macché! Io voglio gridare alle burocrazie europee che davanti al dolore innanzitutto ci sono la compassione, il rispetto, l'empatia. E poi – solo dopo – gli accorgimenti tecnici. Può darsi che io avverta troppo l'impatto emotivo del terremoto. E dunque che la mia reazione sia esagerata, non lo escludo. Ma ho visto le facce di chi al Comune di Amatrice – insieme allo straordinario sindaco Sergio Pirozzi – fin dal giorno dopo il sisma si è rimesso al lavoro in condizioni devastanti e devastate.

Ho seguito, e continuo a seguire costantemente, anche adesso che non ho più un ruolo istituzionale, la disumana lotta psicologica, prima ancora che burocratica, della ricostruzione. Sono in una delle mie visite private, non più premier, quando con Pirozzi, che chiamo "Mister" per il suo lavoro di allenatore di calcio, scappiamo di nascosto per una mezz'oretta e, con una macchina della Protezione civile, raggiungiamo un luogo riservato: "Mattè, io quando proprio non ce la faccio, qualche volta vengo qui e mi metto a urlare". Siamo davanti ai Monti della Laga, sigaretta in mano, dietro c'è l'Area Food che sta crescendo e che sarà uno dei motivi di richiamo per far tornare le persone ad Amatrice, per non far morire quella straordinaria comunità. "Perché qualche volta il peso è troppo grande anche per me, pensando a tutti gli amici che ho perso. Poi però torno in Comune e mi rimetto al lavoro. Perché come ho sempre insegnato ai miei giocatori, noi siamo gente che non perde mai. Quando vinco, vinco. Quando perdo, imparo." Ho una stima enorme per quest'uomo e per i tanti sindaci che non hanno mollato mai. Per i cittadini che sono ripartiti. Non posso accettare che qualche euroburocrate, mentre questa gente vede di nuovo tremare tutto, si metta a fare le pulci al nostro titanico lavoro di ricostruzione.

Rispettare le regole europee, del resto, non può essere un mantra ideologico da sciorinare nelle trasmissioni televisive per diventare poi, quando si governa, un vago ricordo. Lo dico perché nel momento in cui entriamo a Palazzo Chigi, dopo due governi guidati da europeisti convinti – convinti a parole, forse, più che nei fatti –, l'Italia detiene il record di procedure di infrazione aperte: 121. Che non è un numero astratto ma sono soldi, multe, sanzioni. Ci mettiamo al lavoro e, grazie all'impegno di tutti, nel giro di tre anni riduciamo questo numero di quasi la metà. Non solo: ci viene segnalato che perderemo almeno due miliardi di euro stanziati dalla vecchia programmazione europea 2007-2013 perché le Regioni non hanno fatto in tempo a spendere l'intera cifra. Ci rimbocchiamo le maniche e, grazie alla collaborazione fruttuosa di politici e tecnici, riusciamo a utilizzare tutti i fondi, fino all'ultimo centesimo.

Tra l'altro dovremmo avere molta più determinazione nel contestare quelle frasi fatte che talvolta vengono anche da Bruxelles sulla questione della revisione della spesa. Una struttura che continua ad avere due sedi diverse per il parlamento, Bruxelles e Strasburgo, con una notevole moltiplicazione dei costi, si trova a farci la morale sulle nostre mancanze in merito alla revisione della spesa. Il mio governo è stato spesso contestato perché non aveva eseguito pedissequamente i suggerimenti del Piano di revisione della spesa predisposto dall'allora commissario Cottarelli. Vero: non abbiamo applicato alla lettera il piano Cottarelli. Anche perché alcune di quelle previsioni erano, secondo me, concettualmente sbagliate.

Risparmiare circa 100 milioni di euro spegnendo in anticipo i lampioni forse a livello ragionieristico ha un senso, ma a livello politico è profondamente sbagliato. Non serve aver fatto il sindaco, basta essere padre per capire che spegnere i lampioni alle ventitré anziché a mezzanotte sicuramente porta un risparmio sulla bolletta ma crea un clima di incertezza e paura che non vale il costo dell'operazione. *Light is life*, la luce è vita, dicono gli americani. E questo vale soprattutto nei vicoli delle nostre città, dove la sensazione di insicurezza va combattuta con la presenza delle forze dell'ordine, certo, ma anche con la vita, non con il coprifuoco. È solo un esempio, naturalmente. Molti altri obiettivi che l'ottimo Cottarelli aveva proposto sono stati fatti propri dal commissario Gutgeld e al termine dei mille giorni la revisione della spesa ammonta a una cifra che si avvicina a trenta miliardi di euro. Non male, rispetto alle previsioni.

Nei mille giorni in cui sono stato al governo, due sono le nottate che hanno davvero segnato la politica europea: quella in cui siamo riusciti a mantenere la

Grecia nella Ue e quella in cui i cittadini britannici hanno votato per la Brexit.

La prima notte è quella che separa il 12 e il 13 luglio del 2015. Arrivo a Bruxelles sbadigliando come sempre: in genere le riunioni sono noiosissime. Stavolta però si respira un'aria diversa. La tensione è palpabile. Il governo guidato da Alexīs Tsipras viene più volte richiamato all'ordine dalle istituzioni finanziarie internazionali e lo sforzo del giovane primo ministro ellenico è quello di trovare un compromesso onorevole tra le richieste talvolta esorbitanti dei decisori internazionali e la propria piattaforma elettorale. La Grecia da mesi oscilla tra dentro e fuori dall'euro. I giornali in Germania non parlano d'altro, una parte dell'opinione pubblica tedesca spinge decisamente per eliminare Atene dall'Unione.

Nella notte della verità sono seduto accanto ad Alexīs. Siamo più o meno coetanei, e anche se i suoi sostenitori italiani mi indicano come il nemico da abbattere, abbiamo imparato a conoscerci e a stimarci. Insieme a Hollande facciamo fronte comune contro gli attacchi anti-Tsipras che vengono dal fronte dei rigoristi. Verso le tre di notte l'ultima versione del documento prevede che si crei un fondo da cinquanta miliardi di euro derivanti dalle privatizzazioni greche con sede localizzata non ad Atene, ma in Lussemburgo. Parte la bagarre.

Tsipras mi dice sottovoce in inglese: "It's enough", Non ne posso più, e si alza per uscire dalla stanza. Provo a bloccarlo. Poi, quando si allontana per telefonare ad Atene, prendo la parola insieme ai francesi per difendere il difendibile. Alzo la voce. La riunione si interrompe. E fuori, nei corridoi, ci mettiamo a urlare: "A cosa vi serve umiliare un popolo?" domando ai due più accesi sostenitori dell'uscita della Grecia, entrambi del Nord. Ne nasce un diverbio acceso come mai più ne ho visti in tre anni. Il compromesso arriverà solo alle otto del mattino, con Tsipras fisicamente provato ma ancora dentro l'Europa.

La seconda notte è invece vissuta a distanza e con minore trasporto emotivo, almeno all'inizio. È il 24 giugno 2016 e sono a Palazzo Chigi, ma vorrei essere sulla torre d'Arnolfo di Palazzo Vecchio a godermi i tradizionali "Fochi di San Giovanni" in onore del patrono della mia città. Il botto vero però arriva dal Regno Unito: rovesciando clamorosamente tutti i sondaggi, il fronte del "leave" vince in recupero e impone l'uscita dall'Unione europea. I messaggini nella notte iniziano a unire le varie capitali europee. E pur nel dolore della separazione britannica, molti di noi vedono arrivare l'occasione per smuoversi dal torpore. Così il giorno dopo l'esito referendario tento un rilancio a tre con Italia, Francia e Germania. Rilancio molto incoraggiato dalla Merkel e da Hollande, che non soltanto mi cercano, ma mi propongono un percorso condiviso. Ci sentiamo più volte, ci vediamo a lungo a Berlino, poi a Bruxelles, quindi a Ventotene.

Sono incontri trilaterali in cui usciamo dagli schemi noiosi e sterili dei Consigli europei. L'atmosfera di un incontro a tre è fatalmente diversa: ci concediamo una pausa per vedere l'ultima mezz'ora di Italia-Spagna agli Europei ammirando insieme Buffon e compagni, ci ritagliamo il tempo per qualche battuta scherzosa sulla necessità di tornare a incontri fuori dai palazzi di Bruxelles.

In questa occasione avverto nitida la volontà di considerare la Brexit una scossa salutare per il rilancio del progetto europeo. Perché il referendum britannico è una clamorosa sberla all'Europa, indipendentemente dal merito del quesito, talmente sconosciuto ai più che il giorno dopo il referendum la ricerca su Google "che cosa è l'Unione europea?" conosce un'improvvisa popolarità. Il giorno dopo, però.

Assumere il risultato del referendum non può essere solo un fatto burocratico: ok, adesso apriamo le procedure ai sensi dell'articolo 50 del Trattato. Occorre la volontà di reagire. Trasformare la sberla in sveglia. Rimettersi in moto. Ripartire, tenendo alto il riferimento ideale. Per questo scegliamo Ventotene. Posiamo per una foto di gruppo sulla tomba di Altiero Spinelli, uno dei padri fondatori dell'Unione europea. Rilanciamo l'ideale unitario, insieme a una serie di proposte forti, dandoci un appuntamento: il 25 marzo 2017, quando assieme al presidente di turno, il primo ministro maltese Muscat, i ventisette leader si incontreranno a Roma per celebrare i trattati di sessant'anni prima, seppellire il Fiscal compact nel cimitero dei ricordi e rilanciare con forza l'Unione su un'agenda ambiziosa.

Dopo Ventotene però tutto si blocca. Credo che siano soprattutto le dinamiche interne francesi e tedesche a costringere il presidente Hollande e la cancelliera Merkel a interrompere il percorso. Del resto si entra in un anno elettorale molto difficile per entrambi. Noi italiani rimaniamo a metà strada, e anche da noi la campagna elettorale – in questo caso referendaria – prende il sopravvento. Ma quelle proposte, nate nello spirito di Ventotene, nello spirito dei padri fondatori, sono le proposte su cui dovremo discutere e forse anche litigare nei prossimi anni, piacciano o non piacciano ai custodi dell'ortodossia tecnocratica.

C'è bisogno di un'Europa in cui, se qualcuno vuole procedere con forme di integrazione più forti, possa farlo senza essere bloccato dai veti altrui. C'è bisogno di un'Europa i cui leader principali delle istituzioni europee siano eletti dal popolo, non scelti attraverso complicate procedure. C'è bisogno di un'Europa che in tema di sicurezza e difesa parli un linguaggio unico, sia in termini di esercito che di polizia, con un coordinamento e uno scambio di informazioni costanti. C'è bisogno di un'Europa che non condivida solo la moneta ma anche la politica fiscale, perché non è possibile subire le reprimende sul bilancio da stati che assomigliano pericolosamente a paradisi fiscali. C'è bisogno di un'Europa sociale dove sia chiaro che non si può vivere in una stessa comunità con reti di welfare radicalmente diverse. E c'è bisogno di riprendere lo spirito dell'Europa capace di innovare, a cominciare dalla ricerca, dalle grandi reti, dalla *gigabit society*. In questi anni abbiamo cambiato il vocabolario in Europa, reintroducendo parole come crescita, flessibilità, sociale: parole che erano state cancellate per fare posto ad austerity, rigore, tecnici. Cambiare, oggi, è l'unico modo per essere fedeli alla tradizione europeista, perché i padri fondatori immaginavano un percorso continuo, costante nel tempo. Non possiamo accontentarci di una grigia e ordinaria routine. Se l'Europa non cambia diventa facile preda dei populisti: chiedere di investire nel rinnovamento delle istituzioni è il primo passo per avere un'Europa più forte e più credibile.

Negli anni duemila l'Europa si è allargata da quindici a ventotto stati membri: si è allargata molto, qualcuno dice troppo. Oggi è totalmente un'altra cosa rispetto al passato, ed è impensabile che i veti dei singoli ne blocchino l'evoluzione. Non possiamo però dimenticare che ci sono alcune aree geografiche, come i Balcani, potenzialmente esplosive. Lo dice la storia, lo dice la demografia, lo dice l'economia. Anche per questo credo che l'allargamento dell'Unione debba proseguire il prima possibile in direzione di Serbia e Albania, lavorando in modo sistematico contro le infiltrazioni estremistiche in tutta l'area balcanica.

Nei prossimi anni l'Italia dovrà alzare la voce in Europa per contrattare condizioni migliori per la propria economia. Dovremo abbassare la curva del rapporto debito/Pil, ma per farlo dovremo innanzitutto riportare la crescita almeno all'1,5% in modo stabile. Questo vuol dire che non possiamo essere strangolati da un deficit così basso. Il vero scambio da fare con Bruxelles è dare la certezza della riduzione del debito – anche con misure innovative che l'Italia è pronta a introdurre se inserite in un accordo che tenga insieme debito, deficit e visione – utilizzando in modo più flessibile (ma comunque sempre rigorosamente dentro i parametri di Maastricht) il deficit.

Sarà questo il primo banco di prova del governo della prossima legislatura, chiunque lo guiderà. Una trattativa all'ultima virgola, durissima, con i nostri compagni di strada europei. Per farlo occorrerà innanzitutto liberarsi dalla subalternità culturale che si esprime nell'unica parola d'ordine: "Ce lo chiede l'Europa". Dobbiamo essere noi a dire che cosa chiediamo all'Europa. Ora è il tempo di dire: "Ve lo chiede l'Italia".

L'Italia chiede all'Europa di investire nelle periferie per evitare altre Molenbeek. Possiamo davvero offrire all'Europa una chiave interpretativa diversa e inedita sulle periferie. Noi non abbiamo, per motivi storici e culturali, gli agglomerati urbani che sono esplosi in varie modalità di protesta, di contestazione e persino di terrore negli ultimi vent'anni come è accaduto a Parigi. E in parte anche in altre città a cominciare da Bruxelles.

Il concetto di periferia, per noi, è stato sempre centrale nella storia, nell'elaborazione culturale, nella pratica di governo. Dico nella storia perché chi ama ed è orgoglioso della cultura italiana conosce quanto sia prezioso il valore della città in ogni momento storico. La Roma imperiale è simbolo ineguagliabile, *civitas* prima che *urbs*. Elio Aristide, nel suo discorso di elogio *A Roma*, dice che il centro è ovunque e la periferia da nessuna parte. Il centro fisico è ovviamente l'incrocio tra cardo e decumano. Ma la periferia non esiste, perché "in qualunque luogo della città uno sia, non vi è nulla che gli impedisca di essere ugualmente nel centro". I romani avevano capito tutto prima degli altri.

Ma su questo tema l'Italia ha da dire e da dare molto anche oggi, a partire dall'elaborazione teorica di un maestro quale Renzo Piano. La sua filosofia del rammendo – della ricucitura paziente e minuziosa di ogni tessuto di comunità e umanità a livello sociale e quindi urbanistico – è stata la stella polare nella nostra azione di governo. E costituisce il punto di riferimento avanzato anche per la nuova generazione di architetti e urbanisti.

Quando ancora nessuno imputava alle aree urbane disagiate i risultati delle elezioni amministrative del 2016, il governo dei mille giorni lavorava sui bandi per oltre due miliardi di euro sulle periferie, che costituiscono il più grande sforzo di investimento pubblico fatto in Europa in modo sistematico su questo tema. E non è un'operazione spot, ma la conseguenza di una riflessione culturale ben sintetizzata ad esempio dal cileno Alejandro Aravena, una delle più giovani e brillanti star dell'architettura e urbanistica mondiale, curatore della Biennale di architettura di Venezia 2016, per il quale "gli investimenti pubblici nelle periferie sono la scorciatoia per raggiungere l'uguaglianza sociale".

Il lavoro che abbiamo fatto sulle periferie ancora non si vede. Noi lo conosciamo perché ci abbiamo rimuginato, discutendo con i principali pensatori del nostro tempo, coinvolgendo architetti e sociologi, organizzando convegni e roadshow, investendo una mole di denaro senza precedenti in Italia. Ma quando raccontiamo tutto quello che abbiamo fatto per le periferie, nessuno vede niente. Perché siamo ancora alla progettazione degli interventi, e saranno i governanti dei prossimi anni a raccogliere i frutti di questa intuizione che considero una delle più importanti del mio servizio alla guida del paese, una di quelle di cui vado più orgoglioso.

Capita di seminare e far raccogliere ad altri. Ma non è un problema. La vera sfida è proporre – arrivo a dire imporre – all'Europa lo stesso approccio. Ci vogliono i progetti per ciascuna area metropolitana urbana europea, progetti urbanistici, sociali, culturali, identitari. Questi progetti vanno finanziati tutti, senza eccezione. Perché sono investimenti sul futuro, non costi. E su questo si possono sperimentare forme innovative di finanziamento, a cominciare dal Piano Juncker 2.0 e dai fondi della Bei, la Banca europea per gli investimenti, certo. Ma soprattutto gli eurobond – uno strumento su cui in Italia hanno scritto in tanti, ma nessuno con la lucidità e la competenza del professor Alberto Quadrio Curzio –, che la Germania non può continuare a bloccare a lungo.

L'Italia chiede all'Europa anche di accettare le nuove regole sull'immigrazione, oppure rinunciare ai cospicui fondi che ogni anno vengono stanziati per l'ideale comune.

Dal 2018 l'Europa discuterà di come spendere i soldi del periodo 2020-2026. Noi ogni anno mettiamo sul tavolo più o meno 20 miliardi di euro e ne riprendiamo 12. Il saldo netto è dunque negativo. Bene, giusto così. Nessuna piccola polemica provinciale: siamo un grande paese, è giusto aiutare chi è in difficoltà. Si chiama solidarietà. La solidarietà però non si ferma alle questioni economiche.

Se, davanti alla crisi migratoria, i paesi dell'Est – che beneficiano dei contributi nostri e degli altri paesi – non collaborano, non devono poi stupirsi se i criteri di bilancio cambiano. La solidarietà non sta solo nel prendere, ma anche nel dare. In mancanza di un diverso atteggiamento da parte loro sull'immigrazione, dovrà cambiare il nostro atteggiamento sui denari. Qualcuno lo chiama ricatto politico, io lo chiamo principio etico. E, quando tratterà questo punto, il prossimo governo dovrà farsi valere con determinazione e senza incertezze. Su questo punto forse sono un inguaribile romantico ma mi piacerebbe che tutte le forze politiche italiane, nessuna esclusa, per una volta remassero nella stessa direzione.

L'Italia chiede all'Europa di assumere la regola "un euro in cultura, un euro in sicurezza".

L'Italia chiede all'Europa di rispettare le disposizioni sul surplus commerciale che sono oggi totalmente disattese dalla Germania, creando un danno all'intero continente.

Io ho combattuto contro una visione anti-italiana in Europa. Una visione fatta di pregiudizi più che di giudizi. La visione per la quale un semisconosciuto ministro olandese, per caso presidente dell'Eurogruppo, può dire che i paesi del Sud spendono i soldi per donne e alcol. Una considerazione che, prima ancora di essere sessista e razzista, è stupida. Il presidente della Commissione Barroso ha detto di aver salvato l'Italia in più di una circostanza. Non ho mai apprezzato molto lo stile di Barroso. Quando è stato assunto con superstipendio da Goldman Sachs, mi ha colpito l'attacco durissimo che gli ha rivolto François Hollande. Io ne sono rimasto fuori: più che di Barroso – che ha fatto benissimo ad accettare, dal suo punto di vista – l'errore è stato di Goldman Sachs. È proprio vero che non ci sono più le banche d'affari di una volta.

Non accetto che l'Italia sia trattata come una studentessa indisciplinata da rimettere in riga. È un atteggiamento che fa male all'Europa, che, da speranza politica, diventa guardiana antipatica. E il mio paese non lo merita.

Non sopporto nemmeno il provincialismo italiano, per cui una cosa diviene importante solo se rilanciata da un oscuro terzo portavoce del vicecommissario a Bruxelles. Su questo la nostra stampa si muove in modo provinciale. In Francia nessuno dedica così tanto spazio agli euroburocrati. Un po' è colpa anche del centrosinistra – diciamo la verità –, che per cacciare Berlusconi ha fatto leva anche sull'Europa, permettendole di entrare in casa nostra. Negli altri paesi non accade così. Ma non è solo un problema legato a Berlusconi. Per anni una parte delle élite di questo paese ha considerato l'Europa come lo strumento per attuare in Italia riforme altrimenti irrealizzabili. Ci sono stati premier che sono andati in Europa come noi andavamo a scuola: con la giustificazione in mano. E poi tornavano a casa dicendo: "Ce lo chiede l'Europa". Perché erano convinti che facendo così avrebbero "fatto capire" al popolo italiano le cose da fare. Quella stagione ha forse migliorato i conti pubblici ma ha disintegrato l'idea di Europa che i padri fondatori ci avevano consegnato.

Bene, quella stagione l'abbiamo messa in soffitta, spero per sempre. Adesso non è l'Europa che chiede all'Italia di cambiare, ma l'Italia che chiede all'Europa di tornare se stessa. Di riabbracciare quei valori che l'hanno fatta grande. Di recuperare la dimensione della sfida.

Chi ci sta, ci sta. Politica fiscale comune, sicurezza e politica estera unitaria, elezione diretta del governo europeo. Questo serve per fare ripartire di slancio l'Europa. È un orizzonte impegnativo. Ma è il nostro orizzonte. L'Europa deve tornare a scaldare i cuori. Ma per farlo non ci saranno nuove regole, nuovi trattati.

È inutile negarlo: per come stanno le cose nei ventisette paesi, è quasi impossibile scrivere nuove regole che siano universalmente accettate. A questo si somma il fatto che in molti paesi occorrerebbe un referendum di ratifica difficilissimo da vincere: gli ultimi esempi di referendum non sono stati incoraggianti, e noi ne sappiamo qualcosa, ma – pure su quesiti diversificati – dall'Olanda alla Francia fino a Regno Unito e Italia la classe dirigente ha sempre perso le sfide referendarie. L'unica eccezione, peraltro di misura, è la Turchia di Erdogan del 2017, ma è un esempio che fa storia a sé per decine di motivi e che sinceramente è fuori, in tutti i sensi, dalla cultura politica europea.

La nostra proposta, allora, è che per tornare credibile l'Europa torni simbolicamente in tre luoghi fisici: a Ventotene per quel che riguarda gli ideali; a Lisbona per la strategia; a Maastricht per la direzione economica.

A Ventotene perché quell'utopia, lanciata da personaggi che sembravano sconfitti e mandati al confino, ha superato ogni frontiera spaziale e temporale. Ed è viva, più che mai. Non siamo ancora agli Stati Uniti d'Europa, lo sappiamo. E probabilmente non ci arriveremo mai. Ma tornare all'Europa di Ventotene significa non limitarsi a fare delle istituzioni europee un condominio di buone pratiche in cui discutere di aspetti marginali. Significa riportare al centro della discussione la politica e non soltanto la tecnocrazia.

E, simbolicamente, noi abbiamo offerto il progetto italiano per la creazione di una scuola europea che ospiti giovani del nostro continente e del Mediterraneo. Un progetto che coinvolga il vecchio carcere dell'Isola di Santo Stefano, diroccato e abbandonato, su cui il governo dei mille giorni ha investito 80 milioni di euro insieme alla Regione Lazio. E che faccia di quest'isola il centro della riflessione ideale e culturale dell'intero Mediterraneo.

L'Europa deve ritornare a Lisbona per ciò che attiene alla strategia e puntare a recuperare quel disegno proposto all'inizio del millennio e mai attuato: volevamo allora fare del nostro continente il luogo più avanzato nei settori della conoscenza e dell'innovazione. Le vicende di questi anni dimostrano che così non è stato. Dalla Silicon Valley al Sudest asiatico, molte altre regioni del mondo sono più competitive di noi in questo settore. Ma qui si gioca il futuro, e non possiamo lasciarlo solo agli altri. E sicuramente vale la pena prendere in considerazione la necessità di uno sforzo maggiore sull'alfabetizzazione digitale. L'Europa dovrebbe a mio giudizio farsi portatrice di una iniziativa coraggiosa che dia a tutti la capacità di essere protagonisti e non solo consumatori passivi del mondo nel quale stiamo entrando. Si tratta di effettuare una gigantesca campagna di alfabetizzazione digitale che, partendo dalle scuole dell'infanzia, introduca il coding tra le materie insegnate in tutte le scuole europee e permetta al nostro continente di cogliere fino in fondo le opportunità offerte dalla quarta rivoluzione industriale.

La società della conoscenza, della ricerca, dell'innovazione segna oggi in modo profondo il futuro anche economico delle nazioni. Le classifiche americane sulla ricchezza vedono sempre di più nelle prime posizioni realtà che hanno scommesso sull'innovazione, e lo stesso Prodotto interno lordo americano è costituito quasi per il 50% da attività nate, sviluppate e cresciute nell'ultimo quarto di secolo. Se a questo si aggiunge – come vedremo nel prossimo capitolo – che una sfida chiave per l'Italia e per l'Europa è quella culturale nel rapporto tra identità e sicurezza, ci rendiamo conto che tornare a Lisbona 2000 significa tornare a fare dell'Europa il luogo dove la globalizzazione può diventare gentile e civile.

Infine, tornare a Maastricht. Per la mia generazione questa cittadina olandese dal nome difficilmente pronunciabile era sinonimo di austerità. Stare dentro i parametri di Maastricht sembrava un'impresa quasi impossibile, al punto che quando l'Italia raggiunse quel traguardo per molti fu festa grande. Oggi Maastricht – paradossalmente – ha cambiato significato. L'avvento scriteriato del Fiscal compact nel 2012 fa del ritorno agli obiettivi di Maastricht (deficit al 3% per avere una crescita intorno al 2%) una sorta di manifesto progressista.

Noi pensiamo che l'Italia debba porre il veto all'introduzione del Fiscal compact nei trattati e stabilire un percorso a lungo termine. Un accordo forte con le istituzioni europee, rinegoziato ogni cinque anni e non ogni cinque mesi. Un accordo in cui l'Italia si impegna a ridurre il rapporto debito/Pil tramite sia una crescita più forte, sia un'operazione sul patrimonio che la Cassa depositi e prestiti e il ministero dell'Economia e delle Finanze hanno già studiato, sebbene debba essere perfezionata; essa potrà essere proposta all'Unione europea solo con un accordo di legislatura e in cambio del via libera al ritorno per almeno cinque anni ai criteri di Maastricht con il deficit al 2,9%. Ciò permetterà al nostro paese di avere a disposizione una cifra di almeno 30 miliardi di euro per i prossimi cinque anni per ridurre la pressione fiscale e rimodellare le strategie di crescita. La mia proposta è semplice: questo spazio fiscale va utilizzato tutto, e soltanto per la riduzione delle tasse, per continuare l'operazione strutturale iniziata nei mille giorni. A chi legittimamente domanda: "E perché, se ne sei così convinto, non lo hai fatto prima?" rispondo semplicemente: "Perché non ce lo potevamo permettere". Quando siamo arrivati, la parola d'ordine per l'Italia era reputazione. Mostrarci capaci di fare le riforme. Il Jobs Act, il decreto sulle popolari, l'abbassamento delle tasse, la spending review, l'Expo, il rinnovamento anche generazionale hanno mostrato che l'Italia è in grado di farcela. Ma non basta, adesso. La prossima legislatura, qualunque sia il giorno in cui comincerà, dovrà mettere sul tavolo uno scambio chiaro in Europa: noi abbassiamo il debito, ma la strada maestra per farlo è la crescita. Quindi abbiamo bisogno di abbassare le tasse. Punto.

Questo obiettivo – che porterà il deficit italiano a essere comunque più basso di quello di Francia e Spagna e vedrà un'inversione strutturale della curva debito/Pil – sarà la base della proposta politica del Pd per le prossime elezioni. Ma è soprattutto un obiettivo ampiamente condiviso dai principali soggetti privati che operano sui mercati internazionali e intorno al quale c'è un consenso diffuso: senza una grande scommessa sulla crescita, l'Italia non ripartirà mai.

Per farlo occorre una visione di medio periodo, non limitata al giorno dopo giorno. Quando la prossima legislatura entrerà nel vivo dovremo uscire dallo stillicidio della trattativa mensile con Bruxelles e proporre al mondo finanziario ed economico un piano industriale degno di un paese solido e credibile. Noi siamo pronti, anche nei dettagli.

Aspettiamo solo le elezioni, adesso. Perché una sfida così grande ha bisogno di un governo di legislatura per negoziare un accordo duraturo a Bruxelles. Ma aspettiamo soprattutto che l'Europa torni a fare l'Europa. Torni a Ventotene, negli ideali; a Lisbona, nella strategia; a Maastricht, nella crescita. Non è un tour, non è un viaggio: è, più semplicemente, l'ultima possibilità che abbiamo.

4.
Il futuro della sinistra

> Ho rifatto tutti i calcoli: confermano l'opinione degli specialisti. La nostra idea è irrealizzabile. Non resta che una cosa da fare: realizzarla.
>
> Pierre-Georges Latécoère, fondatore dell'Aéropostale

Può sembrare un paradosso ma, nel momento in cui più ci sarebbe bisogno di lei, la sinistra europea vive la crisi più nera della sua storia. Ciò che ho appena scritto sull'esigenza che l'Europa ritorni a fare l'Europa, ripartendo da Ventotene, Lisbona e Maastricht, chiama in causa i progressisti del Vecchio continente. Ma pare un appello da sessione straordinaria, di quelle in cui non si presenta quasi nessuno. Sono tutti troppo impegnati a leccarsi le ferite in casa propria. La sinistra europea si è presa il decennio sabbatico e nessuno sa quando mai potrà finire.

I socialisti francesi sono pressoché scomparsi, travolti dalle divisioni interne prima ancora che dalla vittoria di Emmanuel Macron: difficile dire se il trionfo di En Marche, il movimento trasversale del nuovo presidente della Repubblica francese, sia la causa del tracollo dei socialisti transalpini o, più probabilmente, l'effetto della loro disgregazione. I socialisti olandesi risultano non pervenuti: siamo stati troppo impegnati a salutare nel marzo 2017 la vittoria di Mark Rutte, premier uscente, contro gli xenofobi e populisti di Wilders per renderci conto che il partito cui sono iscritti il primo vicepresidente della Commissione Frans Timmermans e il presidente dell'Eurogruppo

Jeroen Dijsselbloem, due tra le dieci figure più importanti dell'Europa politica, non raggiungeva neppure il 6% dei consensi nei Paesi Bassi. Prendeva, per la precisione, il 5,7%, 599.699 voti. Più o meno quanto il Pd in metà Emilia (senza la Romagna, si capisce). In Spagna dopo la vittoria congressuale di Pedro Sánchez, teorico dello scontro frontale contro i popolari di Rajoy, la sinistra è spaccata tra l'opposizione dura e pura al governo dei popolari e un'astensione più soft: discutono su come opporsi, non su come governare. E nel Regno Unito la recente e molto celebrata affermazione elettorale dei laburisti di Jeremy Corbyn è in realtà una sconfitta, l'ennesima: solo che si è perso meglio del previsto. Accontentarsi di perdere meglio del previsto: già questo sembra un passo in avanti per la sinistra europea del 2017. Non è drammatico?

Tra i grandi paesi europei rimane la Germania: l'Spd vede in questi mesi il generoso tentativo di Martin Schulz di contendere ad Angela Merkel la cancelleria. Nonostante un iniziale avvicinamento tra i due nei sondaggi nazionali, i risultati delle ultime tornate nei Länder (in particolare il Nord Reno-Westfalia) confermano un vantaggio consistente della cancelliera uscente. Tuttavia, indipendentemente da come andranno le prossime elezioni, non dimentichiamo che l'ultima vittoria di un socialdemocratico tedesco risale ormai al successo di Gerhard Schröder nel 2001. Da allora ha sempre vinto la Cdu. E se pensiamo che quelli nati nel 2001 tra poco voteranno alle elezioni, ci rendiamo conto che il quadro della socialdemocrazia tedesca non appare così roseo.

C'è una storica vignetta di Altan che trovo si adatti meravigliosamente alla situazione della sinistra in Europa. Un personaggio dice all'altro: "Poteva andare anche peggio". E l'altro risponde: "No".

No, non poteva andare peggio. Non potrebbe andare peggio.

Al di là della polarizzazione, all'interno della sinistra europea, tra chi rivendica un modello più socialdemocratico e filosindacale e chi sostiene un orientamento più liberaldemocratico – polarizzazione che appassiona più il politologo che il cittadino medio –, ciò che la cronaca degli ultimi tempi ha dimostrato in maniera inequivocabile è che quando la sinistra si ostina a indossare una corazza primo-novecentesca finisce per perdere rovinosamente, come Benoît Hamon, candidato dei socialisti francesi, o al massimo deve "rallegrarsi" di sconfitte dignitose. Una sinistra per pochi "illuminati" che si costruisce per opposizione, per alterità, e mai per proposta sarà sempre destinata a essere minoritaria, spettatrice dei governi degli altri. Un (centro)sinistra che ha idee e una visione per il futuro, che si definisce per addizione e non per sottrazione, una sinistra che sa e vuole governare – senza crogiolarsi nella difesa sterile di lessici e culti estinti – è quella che serve all'Europa.

Ciò detto, nel nostro continente ci sono bravissimi leader di centrosinistra, come Antonio Costa in Portogallo o Joseph Muscat a Malta. Nei grandi paesi europei, però, l'unica forza di centrosinistra che rimane solida e forte è il Partito democratico in Italia. Siamo gli unici che lottano per vincere, non per partecipare, gli unici che rifiutano la sindrome De Coubertin della sinistra europea.

Il Pd rappresenta oggettivamente la diga più coriacea contro il populismo. Ma, visto che parliamo dell'Italia, potremmo dire contro i populismi. Perché da noi i populismi sono due: quello rivendicato con orgoglio dal Movimento 5 Stelle, iscritto nello stesso gruppo europeo dell'euroscettico Farage (seppur con una momentanea infatuazione per il gruppo ultraeuropeista Alde – Alleanza dei democratici e dei liberali per l'Europa. Alla faccia della coerenza…) e quello più "tradizionale" della Lega Nord, con Salvini che siede al parlamento europeo accanto a Marine Le

Pen e che corre a farsi i selfie con l'olandese Wilders, la tedesca Petry e, appunto, l'ex candidata all'Eliseo. Sono due populismi che si parlano, certo. Che si contendono lo stesso campo di gioco, in alcune battaglie. Ma in fondo hanno un unico avversario: il Pd. Combattere il Pd, indebolirne la credibilità, offuscarne le proposte, attaccarne i leader è la priorità numero uno dei partiti populisti. E ciò avviene con le dichiarazioni quotidiane, con i talk show a senso unico, con i troll e le false notizie sul web. Fateci caso: è sempre colpa del Pd. Perché gli avversari esterni hanno una strategia chiara: indebolire il vero fronte dell'altro campo. Quello che stupisce di più, e che lascia senza parole, è che il cannoneggiamento esterno talvolta può avvalersi anche del fuoco amico. Quando la sinistra italiana vede che qualcosa inizia a funzionare subito scatta il meccanismo dell'autodistruzione, una vocazione suicida che è incomprensibile ai più ma che assume le forme di un logoramento costante della leadership e di una polemica quotidiana su tutto.

Mentre nel resto d'Europa, infatti, quando c'è un attacco populista tutte le forze politiche razionali e ragionevoli si riuniscono attorno alla bandiera del buon senso, all'etica repubblicana – si direbbe in Francia –, in Italia sono in molti, a cominciare dall'establishment di commentatori, editorialisti e, talvolta, editori intrigati dall'impegno politico, a far fronte comune con le forze antisistema e, pur di attaccare il gruppo dirigente del Pd, accettano di lisciare il pelo anche a improbabili statisti in erba.

Nel mondo dello spettacolo da mesi si nota chiaramente un'ubriacatura filogrillina, con cantanti e attori che celebrano nel Movimento 5 Stelle la prosecuzione della vera sinistra, salvo tacere sulle imbarazzanti idee del partito di Grillo, dal Venezuela ai vaccini passando per i diritti civili o l'curo. Pochissimi hanno il coraggio di essere in controtendenza, perché sanno che verrebbero bersagliati dai troll sui social (fateci caso: appena uno prende posizione viene manganellato virtualmente, come è accaduto a un attonito Roberto Benigni, "colpevole" di votare Sì al referendum) e da qualche giornale compiacente.

A destra, in Europa, nessuna forza politica fa accordi con Wilders, con la Le Pen, con Petry. Se Fillon o la Merkel facessero un accordo con uno dei protagonisti dei selfie di Salvini, la reazione dell'opinione pubblica e del loro stesso elettorato sarebbe durissima. Da noi, no. E su questo crinale si giocherà il futuro di Forza Italia e della destra italiana: saprà il partito di Berlusconi essere il vero interlocutore dei popolari europei e costruire un'alternativa moderata o si legherà definitivamente alla destra a trazione leghista a cui vorrebbero consegnarsi alcuni dirigenti territoriali del suo schieramento? Domanda che i commentatori si guardano bene dal fare, tutti presi – come sono – a parlare del Pd e dei limiti del Pd.

Fuoco amico è anche quello di chi un tempo – quando vinceva i congressi – teorizzava la necessità di sentirsi tutti parte della stessa ditta. E, quando invece i congressi ha iniziato a perderli, non ha mai smesso un solo giorno di contestare e criticare il nuovo gruppo dirigente. La scissione dell'inizio del 2017 – che poi si è configurata più come la fuoriuscita di autorevoli ex leader di partito che come una vera e propria scissione, visto che sul territorio se ne sono andati in pochissimi – nasce da lontano. Per anni, su qualsiasi argomento, il Pd si presenta diviso. La minoranza va puntualmente sotto in tutti i passaggi democratici, regolarmente registrati e immortalati dallo streaming e dai verbali delle direzioni. Più il gioco è democratico e trasparente, più loro perdono e rilanciano sui media accusando il gruppo dirigente.

Il fortino dell'opposizione interna viene pazientemente e strategicamente costruito, pezzo dopo pezzo, giorno dopo giorno, nel tentativo di logorare il segretario e la sua leadership. Tuttavia, lo strappo finale – epilogo inevitabile della strategia – non avviene dopo l'approvazione di una legge contestata. Non decidono di andarsene dopo il Jobs Act, dopo la Buona scuola, dopo le unioni civili, dopo la legge elettorale. Non se ne vanno nemmeno dopo la sconfitta referendaria: nella notte tra il 4 e 5 dicembre sono troppo impegnati a brindare per andarsene. Immortalati dalle telecamere mentre levano i calici al cielo, non per la conferma della funzione istituzionale del Cnel ma per le dimissioni da presidente del Consiglio del segretario del loro stesso partito. Un brindisi che la nostra gente non perdonerà mai.

No, i fuoriusciti annunciano di andarsene l'ultima settimana di gennaio 2017, con una dichiarazione affidata al reale leader di quell'area: Massimo D'Alema. Vi chiederete perché D'Alema abbia annunciato l'addio proprio quella settimana. La risposta è semplice: perché quella è la settimana della pronuncia da parte della Corte costituzionale sulla legge elettorale, pronuncia che conferma che l'impianto dell'Italicum è costituzionalmente corretto con l'unico limite della mancata soglia per l'affluenza al ballottaggio. Si tratta di un aspetto tecnico, che per una persona normale significa poco, ma che ha introdotto nei ragionamenti degli aspiranti scissionisti un elemento di certezza: se fossero rimasti nel Pd, in parlamento non ci sarebbero più rientrati. A quel punto, frustrati nella prospettiva di tornare a occupare gli scranni da cui continuare a fare la politica di cui sono maestri – quella del logoramento, chiaramente –, decidono di andarsene. Se ne vanno dopo la sentenza sui candidati di collegio, non dopo il Jobs Act!

Non è l'aumento dei posti di lavoro, ma la diminuzione dei posti in parlamento a determinare la scissione.

E il nostro popolo lo capisce perfettamente.

Infatti, non solo non segue l'avventura degli scissionisti, ma ci esorta ad andare avanti, a metterci in cammino. Lo fanno gli iscritti storici, quelli dello gnocco fritto delle Feste dell'Unità, che ti stringono forte il braccio dicendoti: "Tin bota", Tieni botta in emiliano. Lo fanno i nuovi iscritti, quelli che compilano il modulo online per la prima volta la settimana dopo il referendum e che ti dicono ad alta voce: "Avanti".

Questo popolo porta quasi trecentomila persone a votare nei circoli dopo discussioni accese sulle mozioni. Ci sono cinquemila congressi di circolo – una cifra enorme –, un dibattito pubblico tra i più articolati della storia italiana. In ciascuno di questi congressi, infatti, qualcuno presenta le mozioni, altri intervengono confrontandosi, criticandosi, ascoltandosi. Poi si vota e si decide. Una lezione di partecipazione democratica.

Chi accusa questo straordinario esercizio popolare e democratico di servire il progetto del "partito personale" di un solo leader nega la realtà. Ma soprattutto offende decine di migliaia di persone, che desiderano un partito pensante, capace di riflettere, di elaborare strategie, di discutere. Non immune da problemi, ovvio. Chi non li ha, del resto?

Ma il Pd è un partito democratico. In dieci anni, per quattro volte, ha consentito ai suoi elettori e ai suoi simpatizzanti di scegliere liberamente il proprio leader. Quattro volte in dieci anni: se non è un record, poco ci manca. Fare le primarie non significa celebrare un rituale vuoto e stanco. Significa ribadire che l'alternativa al populismo è il popolo. Sono i cittadini che decidono, è la gente che fa la storia canterebbe De Gregori, non l'aristocratico elitario che nell'ennesimo salotto, durante l'ennesima cena, si compiace dei propri ragionamenti davanti all'ennesima tartina.

Il Pd ha una sua fisionomia. Una sua identità. Mentre i professionisti della *gauche caviar* elucubrano e teorizzano, il Pd si caratterizza come il partito della giustizia e delle opportunità. Quello che crea quasi un milione di posti di lavoro con il Jobs Act ma che non rinuncia ai diritti, da quelli civili fino alla lotta contro lo spreco alimentare. Che investe sull'associazionismo e sul terzo settore, perché riconosce che la comunità sa organizzarsi anche prima e meglio dello stato. Che per le categorie più deboli anticipa la pensione e alza le pensioni basse, per un fatto di dignità prima ancora che di equità. Che combatte il precariato con i fatti, non con i convegni. Che preferisce portare dei risultati concreti nell'azione di governo anziché continuare a difendere totem ideologici del passato. Che invece di lamentarsi prova a risolvere i problemi.

Un partito che non considera un dato di fatto intoccabile essere la cinghia di trasmissione del sindacato. Un partito che non considera un dato di fatto intoccabile essere il passacarte – se non il megafono o l'*house organ* – di qualche procura. Il rispetto assoluto per la magistratura – che noi abbiamo – non va confuso con quel malcelato "desiderio di supplenza politica" che una classe dirigente debole e subalterna ha spesso riversato sul potere giudiziario. Un partito che non sta insieme contro un avversario ma sulla base di un progetto: non contro quello che viene definito il "Caimano" ma per un'idea di futuro condivisa.

Talvolta basterebbe condividere la stessa idea di passato, invece ho come la sensazione che la nostalgia di larga parte dei teorici di una nuova sinistra sia legata a un passato immaginario. Riscritto a proprio piacimento, ignorando la realtà.

Diciamocelo: il Pd è nato per superare una tragica alleanza chiamata Unione che metteva insieme svariati partiti (Ds, Margherita, Prc, Pdci, Italia dei Valori, Sdi, Udeur, Mre, Verdi, Pensionati, Psdi, Dcu, Consumatori, Svp, Lal, Pdm, Lfv), alcuni, molto piccoli, spesso privi di voti ma ricchi di veti. Partiti che scendevano in piazza contro il governo, contestando al pomeriggio le cose che avevano approvato al mattino in Consiglio dei ministri. Partiti che paralizzavano qualsiasi iniziativa politica.

Si scrivevano 281 (duecentottantuno, *sic*!) pagine di programma, ma prima di finire di leggere l'introduzione Mastella e Bertinotti avevano già litigato tre volte, Dini e Cossutta almeno due, Di Pietro e Pecoraro Scanio non ne parliamo nemmeno. Quello che li univa davvero era la contrapposizione a Berlusconi, e allo stesso modo poi si alleeranno contro altri primi ministri. Se qualcuno è nostalgico di quel sistema lì, ebbene, sappia che noi non lo siamo. Intanto perché neanche ci ricordiamo – e non è detto che sia un male – tutte le facce che corrispondono alle sigle e agli acronimi dei partiti appena citati. Poi perché la nostalgia in politica è un sentimento pericoloso: rischia di offuscare la realtà, di cancellare il futuro. Ma soprattutto perché quel sistema è stato concausa del blocco del paese. Vorrei che ci concentrassimo sullo scrivere l'Italia di domani. La politica non consiste nel cambiare il passato, riscrivendolo a proprio uso e consumo, ma nello scrivere il futuro. Oggi viene evocata la stagione dell'Ulivo da parte di leader politici che allora stavano contro l'Ulivo. O dall'esterno, in Rifondazione comunista come Giuliano Pisapia. O dall'interno, a cominciare da Massimo D'Alema, che quell'Ulivo contribuì in modo decisivo a segare. In nome dell'unità si pratica la scissione; dall'alto dei salotti si parla di povertà ignorando quale governo abbia finanziato le prime misure sulla povertà educativa e sul reddito di inclusione; ignorando la storia, si vive di amarcord. Le alleanze in politica non devono certamente essere un tabù. Però si fanno sui contenuti, non sulle simpatie o antipatie. Si fanno per qualcosa, non contro qualcuno. E si fanno se c'è una legge elettorale che lo consente o lo suggerisce, non per accontentare qualche nostalgico cantore di un passato che non è mai esistito se non nelle ricostruzioni edulcorate del giorno dopo.

In questo senso merita recuperare il senso profondo del disegno del Partito democratico, come impostato da Walter Veltroni nel 2007 al Lingotto. Il senso della vocazione maggioritaria, il bisogno di stimolare contenuti innovativi, a cominciare dall'ambiente, il desiderio profondo di tornare in sintonia con il paese, non di trovare una sintesi tra i caminetti dei leader. L'intuizione di Veltroni di mettere insieme sulla base di un progetto e non di un odio verso gli avversari è quanto mai attuale e costituisce la cifra più evidente di continuità tra quell'esperienza e il nostro tentativo di creare una classe dirigente nuova che pretenda di scrivere il futuro, non di riscrivere il passato. Anche per questo, allora, è fondamentale studiare, imparare, apprendere. Dobbiamo investire molto nelle scuole di formazione politica.

Nel maggio 2017 apro quella del Pd milanese, coordinata dal professor Massimo Recalcati. Nel mio intervento uso un'immagine del giornalista Sydney J. Harris: "Lo scopo della scuola è quello di trasformare gli specchi in finestre". Mi sembra una frase straordinaria, anche per noi, oggi. Perché la differenza tra specchio e finestra attraversa verticalmente la politica italiana.

Lo specchio è l'autoreferenzialità, la finestra è spalancata sul mondo. Lo specchio è ciò che rischiamo di essere, la finestra è ciò che dobbiamo essere. Dunque, su questa linea propongo ai ragazzi della scuola di formazione un elenco di dieci antinomie a partire da cui possiamo immaginare l'azione politica del Pd.

Lo specchio è il giustizialismo e il moralismo, la finestra è la giustizia e la legalità.

Lo specchio è il mondo del virale, la finestra è il mondo del vero. Specie in rete.

Lo specchio è il chiacchiericcio quotidiano del giorno dopo giorno, la finestra è un progetto di comunicazione di lungo periodo che abbia visione e orizzonte.

Lo specchio è la tecnocrazia che pretende di decidere tutto, la finestra è la democrazia che fa decidere ai cittadini.

Lo specchio è l'assistenzialismo dei sussidi e dei redditi di cittadinanza, la finestra è il lavoro degli incentivi e del Jobs Act.

Lo specchio è la nostalgia di un passato che forse non è mai esistito, la finestra è la costruzione di un futuro che dipende da ciascuno di noi.

Lo specchio è la solitudine del cittadino globale, la finestra è il desiderio di appartenenza, di luoghi di aggregazione, di avere gli altri dentro sé.

Lo specchio è la paura che si trascina dietro la scia chimica dell'ignoranza e del sospetto, la finestra è la fiducia nella scienza, nell'innovazione, nel progresso.

Lo specchio è l'anonimato di una società che ci vuole solo utenti da profilare, la finestra è l'identità di chi scommette sulla cultura e sui valori educativi.

Lo specchio è la parola "potere" come sostantivo, la finestra è la parola "potere" come verbo. Poter cambiare, davvero.

Amo molto le occasioni di confronto con le persone più giovani di me. Mi piace provocarle, stimolarle, coinvolgerle. Dico loro che il Partito democratico si scrive Pd ma non si tratta come un Pdf. È dunque un file modificabile, sul quale si può – e si deve – lavorare. Dobbiamo cambiare, infatti. Cambiare organizzazione e cambiare linguaggio sono due condizioni cruciali per cambiare il paese.

Sull'organizzazione: il Pd ha un tessuto di relazioni sul territorio che è unico in Italia e ha pochissimi equivalenti a livello europeo. Sono migliaia di circoli, feste, eventi, volantinaggi. Sono migliaia di persone e volontari, perché la politica è fatta con il sangue e con l'anima, non con le alchimie di qualche addetto ai lavori che con le piccole polemiche quotidiane cerca di distruggere i sogni di milioni di persone. Tuttavia,

dobbiamo essere capaci di coinvolgere di più e meglio la nostra gente.
I nostri circoli devono essere le bocciofile del Ventunesimo secolo: luoghi di incontri e relazioni umane. Perché poi, alla fine, questo è ciò che conta davvero. Viviamo un'epoca in cui siamo connessi con tutti ma rischiamo di non essere amici di nessuno. Del resto, l'emergenza di dover combattere "la solitudine del cittadino globale" era una delle più interessanti riflessioni di Zygmunt Bauman all'inizio di questo secolo. Siamo così vicini sui social, ma le grandi città hanno sempre meno spazi fisici che permettano di incontrarsi. Abbiamo bisogno di luoghi che diano gambe all'anima, dove ci si possa parlare, non solo scambiare file. Abbiamo bisogno di recuperare il patrimonio delle Sms, acronimo che, per i più giovani, sta per messaggino telefonico (a dirla tutta già sorpassato), ma che per molti della vecchia guardia indica le Società di mutuo soccorso. Abbiamo bisogno di iniziative sul territorio: dalle tradizionali Feste dell'Unità alle magliette gialle inventate dal Pd milanese per ripulire la città, e poi esportate in tante altre città, a cominciare da Roma e Napoli, abbiamo bisogno di fare volontariato, di segnare una presenza in mezzo alla gente. Abbiamo bisogno di stare insieme, condividendo non solo gli status altrui sui social ma soprattutto gli stati d'animo reali, vivendo le stesse esperienze degli altri compagni di strada. Riportare i cittadini ad avvicinarsi alla politica e riportare la politica ad avvicinarsi ai cittadini: questo il compito dell'organizzazione di un partito pensante del Ventunesimo secolo. Di un partito che cerchi di tenere insieme non i capicorrente sempre più lontani dalla realtà, abituati a comandare nel modello partitico asfittico degli ultimi anni, ma i cittadini. Che scelga di uscire dal recinto dell'autoreferenzialità per immergersi nei problemi reali delle persone.
E questo deve essere fatto coinvolgendo il mondo

del sociale, del terzo settore, in un processo osmotico che Tom Benetollo, storico presidente dell'Arci, descriveva così in uno dei suoi ultimi interventi: "Il cuore pulsante del processo di rinnovamento della politica deve stare nel sociale. I soggetti centrali devono essere sociali. Quando sottolineate che da bocciofila abbiamo fatto diventare l'Arci motore del movimento per la pace e contro il liberismo è come se sottovalutaste il ruolo importante delle bocciofile come luoghi di socialità".

Era il 2004, io avevo appena lasciato l'esperienza associativa dentro lo scoutismo cattolico per il primo impegno diretto in politica alla guida della Provincia di Firenze. Quel dibattito, così forte allora nel mondo sociale, è più vivo che mai oggi, quasi quindici anni dopo.

Ma nel frattempo – fuori – è cambiato il mondo. E soprattutto il mondo della comunicazione digitale. I social cambiano la modalità di gestione della comunicazione politica lasciando spesso scatenare gli istinti peggiori di singole persone, che vivono il commento sulla piazza virtuale di Facebook o Twitter come il proprio sfogatoio personale, o veicolando addirittura raffinate strategie di comunicazione gestite da realtà straniere. Dopo il primissimo entusiasmo per internet siamo entrati in una fase nella quale sembra che i social network siano la causa di tutti i mali della democrazia, della quale minerebbero le basi a colpi di gruppi chiusi e fake news. Ovviamente, nessuno sottovaluta questi rischi e noi stessi avremmo dovuto denunciare per tempo l'incredibile sfilza di attacchi ricevuti, non solo dall'Italia, durante la campagna elettorale per il referendum. Ma prima di fasciarsi la testa e di rassegnarsi all'inesorabile declino della civiltà così come l'abbiamo conosciuta finora, però, a me sembra valga la pena di fare qualche ragionamento in più e avere una reazione meno superficiale. Innanzitutto va detto che il lamento per i danni irreversibili che una nuova tecnologia è destinata a introdurre nella società non è un fenomeno nuovo, ma ha alle spalle almeno duemila anni di storia. Quando la scrittura iniziò a propagarsi nelle città-stato dell'antica Grecia, Platone – tra gli altri – si preoccupò per il declino della cultura orale e per gli effetti sulla memoria degli uomini. Se avessero accettato di affidare i loro ricordi e le loro conoscenze a un supporto esterno, le persone non avrebbero più avuto bisogno di imparare e di ricordare nulla, e la loro cultura ne avrebbe inevitabilmente risentito. Una polemica che ricorda quasi alla lettera gli argomenti di chi, oggi, sostiene che Google ci renda stupidi e ignoranti. Anche durante le ultime elezioni americane è esplosa la polemica sul ruolo dei social network nel propagare informazioni false. È vero che alcuni dati fanno oggettivamente riflettere. La notizia più condivisa negli Usa della campagna 2016 per la Casa Bianca era un falso: il presunto appoggio di papa Francesco a Donald Trump. E se si mettono in fila le dieci notizie false più condivise in rete durante la campagna elettorale, si vede che sono state molto più diffuse delle dieci notizie vere più condivise. Generatori di falsi, fabbricatori di odio sono peraltro presenti anche in Italia, con una potenza di fuoco non banale. Eppure continua a non convincermi – e non mi convincerà mai, credo – l'ardita tesi secondo cui i social media siano la tomba della democrazia. Dobbiamo separare il segnale dal rumore, secondo le tesi di Nate Silver, e non considerare una minaccia per i diritti dell'uomo uno strumento che dà la possibilità a tutti di esprimersi con molta più facilità e rapidità rispetto al passato. Pensandoci bene, i media e la politica sono sempre stati "social". In un libro straordinario – la cui lettura mi è stata suggerita da Giuliano da Empoli, una delle personalità più brillanti che accompagna da anni il mio lavoro – che si intitola *I tweet di Cicerone,* Tom Standage ha ricostruito i primi duemila anni di storia dei social media. Partendo dall'intreccio di letture, discorsi pubblici e voci di corridoio che costituivano l'ecosistema informativo nel quale si muovevano Cicerone e gli altri protagonisti della politica nell'antica Roma. I mezzi di comunicazione, dice Standage, sono sempre stati sociali ed è solo a partire dalla metà del Diciannovesimo secolo che è comparsa la categoria dei mass media i quali, anziché essere basati sulla diffusione orizzontale, trasmettono il loro messaggio dall'alto al basso. L'avvento dei mass media ha segnato un progresso decisivo in termini di diffusione dell'informazione e della cultura, ma ha anche permesso l'affermazione dei regimi totalitari del Ventesimo secolo: il fascismo, il nazismo e il comunismo. Ecco perché ci andrei piano con le accuse ai social media di rappresentare una minaccia per l'umanità. La verità è che ci troviamo davanti a un ecosistema nuovo, molto complesso, nel quale dobbiamo imparare a muoverci se vogliamo essere in grado di difendere i nostri valori e le nostre idee. In questo mondo scegliamo di stare dalla parte del buon senso e della riflessione pacata, senza rincorrere i like. Senza trasformare le pagine di Facebook in una sorta di curva sud delle emozioni dove vince – ovviamente – chi la spara più grossa.

Sono tra i pochi a non aver commentato sui social, ad esempio, la ventilata scarcerazione di Totò Riina che ha alimentato la tensione per una settimana su tutti i media, ma che è partita da una notizia falsa: la Cassazione non ha mai "dato il via libera alla scarcerazione" del Boss dei boss, ha solo chiesto di riscrivere una motivazione. Proviamo a veicolare contenuti e concetti, nel merito.

Questo approccio dimostra come sia fondamentale tenere l'aspetto organizzativo ugualmente forte nel mondo reale e nel mondo virtuale. Una presenza capillare sul territorio e una costante produzione e condivisione di contenuti sulla rete. Noi non siamo una comunità basata sull'algoritmo, siamo donne e uomini che devono tenere insieme le nuove tecnologie con gli antichi valori. Il nuovo Pd allora deve diventare una piramide rovesciata che metta in cima le preoccupazioni dei cittadini e degli iscritti.

La reazione dei militanti durante le primarie del 2017 mi ha convinto – se ancora ve ne fosse stato bisogno – che la loro energia, le loro idee, il loro entusiasmo sono il cuore della nostra comunità. Dobbiamo diventare molto più bravi di quanto lo siamo stati finora nell'ascoltare la loro voce e nel dare una risposta al loro desiderio di impegnarsi per il bene collettivo. Anche così proveremo a riconquistare i giovani. Sono lontani anni luce dallo streaming delle nostre direzioni perché vedono l'impegno politico come un mix letale di chiacchiere vuote e scontri di potere. Diciamo la verità: non hanno tutti i torti.

Ma quanto sarebbe bello se la militanza politica tornasse a essere una risposta (parziale e non esaustiva, sia chiaro) alla ricerca di senso che caratterizza la generazione dei millennials e quella immediatamente successiva? Quanto sarebbe bello se l'impegno del nuovo Pd riuscisse a farli sentire utili, parte di una comunità che prova a cambiare le cose sul serio, a cominciare da quelle più piccole, il quartiere nel quale vivono, la scuola che frequentano? E cosa succederebbe se il Pd diventasse un luogo di formazione nel quale ciascuno avesse la possibilità di seguire i propri interessi e le proprie inclinazioni, chi partecipando a campagne porta a porta, chi impegnandosi nel sociale, chi contribuendo alla definizione di proposte e di soluzioni? Se vogliamo dare ai nostri figli l'occasione di incrociare una politica diversa da quella che scommette incerta tra rassegnazione e populismo, il momento è adesso. Ma le parole devono cambiare.

Ed ecco che arriviamo al linguaggio: Mark Thompson, ex direttore della Bbc e attuale amministratore delegato del "New York Times", uno dei giornali più autorevoli al mondo – quello che Trump odia e non cita mai senza aggiungere che è "fallito" (ma che invece è più che in forma, per fortuna) –, ha scritto che la crisi della politica ha molto a che fare con la crisi del linguaggio della politica. Io ci credo veramente. Ci credo talmente tanto che, quando ho dovuto immaginare come iniziare la nuova stagione del Pd, ho scelto di partire dalle parole. Va bene fare assemblee, direzioni, congressi. Ma bisogna fare attenzione a ciò che si dice. Bisogna scegliere termini semplici e importanti, sforzandosi di comunicare i loro significati più profondi.

Penso che il 2017 del Pd possa essere impegnato in una sorta di servizio civile, quello di restituire chiarezza e profondità ad alcune parole. Noi ne abbiamo scelte tre: "lavoro", "casa", "mamme". Naturalmente, si sono sprecate facili ironie. E anche questo può dar da pensare, sempre a proposito di decadenza del linguaggio pubblico. Non mi sembra, infatti, che se la politica vuole occuparsi di lavoro, case e mamme ci sia poi da sbellicarsi: è chiaro, si può essere in disaccordo, avere altre idee sulle priorità, ma non c'è nulla di risibile nel pensare che si possa e debba parlare, tanto e bene, del lavoro, della casa e delle mamme italiane, anziché del rapporto deficit/Pil, degli zero virgola di Bruxelles o della soglia di sbarramento al 3 o al 5%.

Partiamo dalla parola "lavoro". Noi siamo il partito del lavoro. Lo siamo per la nostra storia, ma ancor più per il nostro orizzonte futuro. Bisogna chiarire bene il significato di questa parola, perché il mondo cambia e non tutte le forze politiche pensano il lavoro nello stesso modo. Su questo tema si gioca una sottile battaglia culturale con tutto il mondo 5 Stelle e una piccola parte della sinistra, che insistono nel proporre il reddito di cittadinanza.

Chi pensa a un reddito di cittadinanza, chi propone la prospettiva di uno stato assistenzialista che distribuisce sussidi a una popolazione che non avrà più occupazione, per la crisi o per il cambiamento tecnologico, ha un'idea di lavoro molto diversa da noi. È un'idea che collide con la stessa etimologia della parola "lavoro", che eredita dal latino *labor* l'accezione di fatica e sforzo (non solo in senso fisico). Ma soprattutto è un'idea che non può riconoscersi nell'articolo 1 della nostra Costituzione. Pensare che il lavoro sia soltanto salario, e quindi possa essere sostituito semplicemente da un bonifico mensile, rappresenta una distorsione inaccettabile del senso profondo della parola. Questa visione del lavoro, nel momento del dibattito sulla Costituzione, non era soltanto di Luigi Einaudi che tuonava da governatore della Banca d'Italia contro l'assistenzialismo, definendolo "elemosina corruttrice", ma anche dai "professorini" della sinistra democratico-cristiana quali Fanfani, Dossetti, La Pira che insistettero moltissimo per fondare proprio sul lavoro la Repubblica democratica.

Noi sappiamo che lavoro è (anche) dignità e comunità. Noi non vogliamo dire alle giovani generazioni che un futuro "cattivo" toglierà loro il lavoro; non vogliamo sussurrargli in un orecchio che l'unica strada è dimenticarsi impresa, innovazione, dinamismo, e che possono rassegnarsi a mettersi comodi e tranquilli su un divano e farsi mantenere dallo stato. Noi siamo per il lavoro di cittadinanza, non per il reddito di cittadinanza.

Questo significa, in concreto, che il Pd vuole smontare e togliere di mezzo gli ostacoli (burocratici e non) che impediscono lo sviluppo del lavoro.

Non voglio riprendere qui le considerazioni già espresse quando, raccontando i mille giorni, ho parlato di Jobs Act. Mi limito a dire, parafrasando Mark Twain, che la notizia della morte del lavoro è fortemente esagerata. Lo sappiamo: molti commentatori hanno preconizzato il trionfo dell'automazione totale e dunque gradualmente la scomparsa del lavoro. Ma il fatto che venga meno un certo modello tradizionale di lavoro non significa che non ci sia il bisogno di nuovi lavori.

Come è noto, diversi osservatori avvertono che le nuove macchine, sempre più intelligenti, toglieranno il lavoro a molti. E in alcune fabbriche, per esempio in Francia, ci sono state proteste molto violente, che hanno riesumato pratiche adottate per la prima volta all'inizio della Rivoluzione industriale. Allora, Ned Ludd e i suoi imitatori distruggevano i telai meccanici per non far perdere il lavoro agli artigiani. Oggi, paradossalmente, i luddisti 4.0 distruggono macchinari nelle fabbriche per protestare contro l'innovazione e la delocalizzazione che quelle macchine stanno per spazzare via, insieme al lavoro di chi le aziona. Insomma, si distruggono macchine per salvare macchine. Queste terribili contraddizioni vanno governate. È tutt'altro che facile, ma non si possono lasciare i lavoratori da soli davanti alle forze dell'economia, della tecnologia, della storia.

I grandi player globali iniziano a produrre oggetti fisici. Amazon acquista per circa dodici miliardi di dollari la catena Whole Foods. Il mondo virtuale ha sempre e comunque bisogno del mondo fisico. E, come spiega Roberto Cingolani, uno dei padri della robotica italiana all'Iit di Genova, oltre che nostro stretto collaboratore nel (bellissimo!) progetto Human Technopole nell'area Expo, non è detto che l'ormai imminente sbarco della robotica nel mercato di massa costituisca una minaccia per l'occupazione: avremo bisogno di altre professionalità, di altri skill, ma il lavoro non è morto. Tutt'altro. La diffusione delle nuove tecnologie ci costringe a ripensare ai profili necessari per vivere questo nuovo tempo. E paradossalmente l'Italia – essendo in ritardo – ha margini di crescita notevolissimi. Se negli ultimi vent'anni chi ha guidato i governi si fosse dedicato con maggiore cura, ad esempio, alla questione dell'istruzione tecnica, probabilmente oggi le aziende del

Nordest non faticherebbero a trovare operai specializzati nei settori che trainano la nostra economia e una parte non insignificante della nostra disoccupazione giovanile verrebbe meno. Ma piangere sul latte versato non serve. È più utile concentrarsi sul futuro come stiamo facendo, anche all'interno del piano Industria 4.0 con il finanziamento dei competence center e digital innovation hub, la risposta che vogliamo dare al modello tedesco decisamente vincente dei Fraunhofer. Tuttavia nessuna scommessa sul lavoro sarà possibile per il Pd senza la presa d'atto di una vera e propria emergenza Mezzogiorno. Anche i numeri sulla disoccupazione sono ormai totalmente diversi nelle due aree geografiche del paese. Molto è stato fatto in questi tre anni, ma questa è la sfida più grande verso Italia 2020. Sono tanti i problemi: la necessità dell'emersione del sommerso, certo. La questione turismo, per cui è triste pensare che alcune tra le zone più belle del mondo siano sostanzialmente misconosciute dal viaggiatore medio globale. Il necessario ricambio di una pubblica amministrazione troppo spesso impaludata. Non solo dunque i tradizionali problemi della lotta alla criminalità e della sfida contro la rassegnazione. Personalmente ritengo che tra le misure da prendere in Europa sia fondamentale quella di affermare che il Mezzogiorno d'Italia debba contar in modo più ampio di quanto già previsto nelle recenti novità normative sulle zone fiscali di vantaggio. Insomma: l'investimento al Sud deve essere ulteriormente favorito fiscalmente a condizione che l'investimento produca l'emersione del notevolissimo sommerso e l'aumento del tasso di sicurezza e legalità. Uniti all'aumento del tempo pieno a scuola – di cui abbiamo parlato al capitolo 2 – e alle opere infrastrutturali nazionali già previste e in larga misura finanziate, emerge un progetto Mezzogiorno che i patti per il Sud voluti dal governo dei mille giorni già definiscono in modo chiaro e puntuale.

La seconda parola è "casa". E non parliamo di Imu,

Ici e abolizioni varie, perché la casa non è solo i quattro muri che possediamo. Abolizioni che rivendico con forza. Tutti ne parlavano, noi le abbiamo fatte. Casa è anche il posto dove ci sentiamo al sicuro. E anche qui, non facciamoci incantare: per noi il significato di "sicurezza" non è lo stesso che per la destra. Per noi la sicurezza si fa con la cultura (e lo dirò meglio tra poco). Ma si fa anche lavorando sul territorio, prestando attenzione al tessuto urbano: un lavoro che molto spesso è stato dimenticato o rimandato ma che per noi è invece centrale. Il nostro progetto – ne ho già parlato nel terzo capitolo – è quello di raddoppiare i fondi per le periferie, immaginando un poderoso piano Smart Cities. Pensiamo alle città intelligenti e del futuro, quindi, ma senza dimenticarci delle "città del passato". Perché le nostre città sono città del passato, intrise di storia e bellezza. E bisogna prendersene cura. Anche questo significa occuparsi di "casa".

Noi, infatti, pensiamo che occuparsi di casa significhi mettere al centro la qualità della vita, la scommessa ambientale, la prevenzione contro il dissesto idrogeologico, l'urbanistica sostenibile. Uno dei momenti più difficili nell'esperienza alla guida del governo è stato quando, nell'autunno del 2014, a Genova il torrente Bisagno è esondato, provocando vittime, esattamente nello stesso punto in cui aveva già seminato danni e morte due anni prima. In quei due anni la politica non aveva fatto alcun passo in avanti perché i progetti opportunamente promossi dalla Regione si erano persi tra sospensive al Tar, mancanza di finanziamenti, conferenze dei servizi. Storie di ordinaria burocrazia. Quella vicenda ha segnato la sconfitta del centrosinistra alle regionali dell'anno successivo, anche in ragione di un'indagine aperta sulla nostra candidata che per qualche tempo era stata assessore ligure alla Protezione civile. Ma soprattutto ha segnato un'impressionante sconfitta della politica, la cui credibilità era pari a zero davanti a fenomeni di questo genere. Ho deciso allora di prendere personalmente in mano il dossier, recandomi in più di una circostanza a Genova ma soprattutto spronando gli uffici a fare di più e meglio.

Oggi i genovesi vedono girare betoniere e camion, e vedono lavorare operai e ingegneri per migliorare la sezione idraulica del corso d'acqua che ha sempre allagato la città. È un'opera che inaugurai da presidente del Consiglio il 13 aprile del 2015, bloccata da anni. Con altri otto cantieri antialluvione a Genova, è al centro di investimenti per 402 milioni di euro perché la città non resti ostaggio della furia delle acque. È il più grande cantiere aperto per la difesa idrogeologica in una città europea. E, come altri interventi in corso, sono lavori immaginati e attesi anche da cinquant'anni: penso all'Arno che può devastare Firenze, o al Seveso che può allagare Milano, o ad altri corsi d'acqua che periodicamente esondano nel Sud.

Quanto dolore, rabbia, solidarietà, danni enormi, contestazioni, disperazione, si sono lasciate dietro le acque della piena che si ritiravano. Per decenni. E allora, una delle primissime cose che abbiamo fatto appena messo piede a Palazzo Chigi è stato dire basta. Basta con la tiritera di ogni ministro del passato in cerca di alibi: "mancano i piani", "servono troppi soldi", "magari potessimo, ma non si può", "qui non si riesce a fare nulla". Abbiamo dimostrato che voltare pagina è possibile, che non esistono bacchette magiche, ma anni di lavori in corso e una pubblica amministrazione che deve infilarsi gli stivaloni di gomma ai piedi.

L'idea di creare una squadra economica, l'"unità di missione", a Palazzo Chigi nacque dalla constatazione del fallimento di una parolina-simbolo presente in tutti i documenti e gli appelli ma mai tradotta in politica di governo: "prevenzione". Abbiamo il merito di aver iniziato finalmente a pianificarla sul serio, partendo, con ItaliaSicura, dall'abbattimento delle burocrazie più ostili, con le norme più cervellotiche del mondo e la dittatura dei ricorsi che tenevano in ostaggio tanti cantieri.

Iniziammo, lo ricordo, tra lo scetticismo quasi generale, con l'applicare la prima buona regola: lo stato è uno solo e tutto intero, non uno spezzatino di competenze a compartimenti stagni, dagli uffici ministeriali alle varie articolazioni periferiche. Affrontare concretamente problemi irrisolti con una ordinata e ordinaria programmazione ha significato poter avere oggi a disposizione il primo Piano nazionale del fabbisogno di opere per contrastare frane e alluvioni e il relativo piano finanziario.

Certo, per me è stata dura scoprire che il 90% dei circa 9000 interventi in elenco è ancora da progettare (a proposito di dormita generale...), ma è una dimostrazione di serietà vedere aperti in questo momento oltre mille cantieri, e circa quattrocento già conclusi (li trovate sul sito italiasicura.it, con tanto di selfie inviati dai lavoratori). E avere istituito il primo fondo rotativo da 100 milioni per sostenere le progettazioni significa fare sul serio, perché complessivamente lo stato riuscirà a investire in sette anni ben 9,8 miliardi di euro, con 2,7 miliardi scovati tra i fondi inviati da Roma e mai spesi dal 2000 al 2014.

Porto sempre con me le parole di un grande italiano come Renzo Piano: "Inseriamo il rischio nella nostra quotidianità, perché non si possa più dire 'è stata una fatalità'". E proprio a Renzo Piano e al rettore del Politecnico di Milano Giovanni Azzone – nelle ore successive alla tragedia di Amatrice – è stato affidato di seguire il progetto Casa Italia per la prevenzione non solo sismica. Un progetto che durerà per almeno due generazioni, il cui dividendo politico non potrò mai incassare ma che mi rende orgoglioso come padre. Perché le prossime generazioni vedranno questo risultato. Dividiamoci su tutto, ma restiamo uniti per questo obiettivo. Perché per difendere l'ambiente e curare il territorio servono fatti e atti concreti e non chiacchiere. Servivano anche per affrontare l'eredità velenosa di decenni di inquinamento – per mancata depurazione delle acque – di fiumi e di tratti di mare, i quaranta siti ad alto livello di tossicità da bonificare, discariche di rifiuti di ogni tipologia, per le quali troppi industriali e tanti politici l'hanno fatta franca. Ho visto cos'hanno combinato e ci hanno lasciato a Taranto e a Porto Marghera, a Trieste e a Bagnoli, e se abbiamo iniziato a smaltire le famigerate "eco-balle" nel napoletano e a investire quasi un miliardo per le bonifiche, mi rendo conto che una piccola grande svolta è oggi in corso.

Errori e omissioni ce li siamo lasciati alle spalle, così come le urbanizzazioni incoscienti che hanno reso fragilissimo un pezzo d'Italia facendo franare anche la credibilità della politica e dello stato. Lasciatemelo scrivere che sono orgoglioso di aver firmato da sindaco di Firenze il primo piano urbanistico di una grande città a mattoni zero, un'altra bella espressione che dai convegni abbiamo trasferito negli atti di pianificazione. Quante altre città hanno posto vincoli all'espansione senza senso in nome del riuso e del recupero dei vuoti, della rigenerazione urbana? Robetta non da poco tenere a freno – e anzi bloccare – appetiti immobiliari e speculativi nella città della rendita per eccellenza. Si trattava di battere avversari veri, potenti e non immaginari, così come quando pedonalizzammo l'area intorno al Duomo dopo trentacinque anni di chiacchiere a vuoto, mentre la grande bellezza era ridotta a spartitraffico.

So bene che c'è sempre chi boccia a prescindere, ma dal mio punto di vista queste sono le grandi sfide aperte che abbiamo voluto affrontare anche se sembravano impossibili, e forse, se ci riflettete bene, sono tra gli interventi più ecologisti e di sinistra visti negli ultimi tempi in Europa.

Sì, perché la sfida ambientalista passa dall'energia, dalle rinnovabili, dall'anticipo dell'addio al carbone (che, se vinceremo le elezioni, chiederemo di anticipare anche rispetto ai tempi previsti dalla Strategia energetica nazionale perché la decarbonizzazione dell'Italia è, secondo noi, una priorità assoluta), dalla battaglia in difesa dell'Accordo di Parigi. Tutto vero, tutto giusto, tutto sacrosanto. Figuriamoci se ho dubbi sulla mobilità elettrica dopo che abbiamo fatto diventare Firenze punto di eccellenza in questo settore, e il mio bravo successore, Dario Nardella, sta proseguendo con ancora maggiore forza in questa direzione.

Ma la vera priorità ambientale sta in una gigantesca battaglia di manutenzione dei beni comuni. Comuni non significa "di nessuno". La depurazione, la lotta al dissesto, la prevenzione costituiscono la cifra di una scommessa culturale che giudico cruciale e decisiva con uno sguardo da ambientalista ragionevole e non ideologico. Su questi temi il Pd sarà in prima fila. Come pure saremo in prima fila nel tentativo di dimostrare che la sicurezza non è parola tabù a sinistra non solo per i fiumi o per i terremoti ma anche per la lotta alla criminalità.

Ma ho imparato, forse con maggiore consapevolezza dopo l'esperienza al governo, che non basta lavorare bene sulla prevenzione e la lotta al crimine, ma bisogna tener conto anche della percezione dei cittadini. Se le statistiche dicono che i crimini diminuiscono ma i cittadini non lo percepiscono, continuano a vivere nel disagio. Magari ingiustificato, se si guarda alle cifre, ma non meno reale e significativo per chi prova quella paura, ogni giorno di più. Per questo dobbiamo fare in modo che si abbia il più possibile la sensazione concreta (e diffusa) di un contrasto implacabile al crimine. Dobbiamo lavorare instancabilmente sui fenomeni che toccano la vita dei cittadini e creano la loro percezione di insicurezza e paura. Perché sull'insicurezza non si costruisce la comunità e nella paura si rischia di abbandonare la democrazia. E un partito che si vuole democratico non può non raccogliere questa sfida, come più volte il ministro Marco Minniti ci ha giustamente invitato a fare.

Vi è però un ultimo passaggio su cui riflettere a proposito della parola "casa" e riguarda il futuro delle nostre città. Sempre più interconnesse, certo. Non solo attraverso la diffusione dell'alta velocità della rete ma anche per la necessità di investire su nuove forme di mobilità. I nostri figli sono meno colpiti della nostra generazione dalla necessità di avere il motorino a quattordici anni, e persino l'auto di proprietà sembra un'esigenza meno avvertita. L'economia della condivisione è sempre più diffusa grazie alla presenza di applicazioni impensabili fino a qualche anno fa. E il numero di auto per abitante in città è calato di oltre il 10% a Milano, Roma, Firenze e in molte altre città. Persino l'Aci registra in una recente indagine che il 55% di chi ha tra i diciotto e i ventinove anni se avesse a disposizione ipotetici trentamila euro sceglierebbe di spenderli in una vacanza da sogno, e solo il 25% acquisterebbe un'auto nuova. Il mondo sta cambiando e credo facciano bene le realtà a partecipazione pubblica, per esempio Ferrovie dello stato, ad attrezzarsi per un modello di business differente rispetto al passato.

E insieme a questo sarà fondamentale che si sblocchino finalmente i lavori per le reti metropolitane che abbiamo ampiamente rifinanziato ma che in troppi territori sono ancora fermi per burocrazia o pigrizia. La gente va sempre di più a vivere in città: nel 1950 abitava nei centri urbani un terzo della popolazione mondiale, oggi abbiamo superato la metà, nel 2050 saranno due terzi. Se davanti a questi numeri la nuova generazione si muove in modo diverso, utilizzando più le app che l'auto di proprietà è nostro dovere investire sul rilancio delle infrastrutture pubbliche, a cominciare da tramvie e metropolitane. A oggi l'estensione totale delle metropolitane in Italia è di appena 230 chilometri distribuiti in sette città. In Francia sono 460, in Spagna 580, in Germania 630, nel Regno Unito 670. La metà delle metropolitane francesi, quasi un terzo in meno di quelle spagnole e tedesche. Non può funzionare così. Ecco perché quando dico "casa" penso a un progetto integrato tra mobilità, cultura, sociale che l'Italia ha il diritto e, forse persino, il dovere di perseguire.

Se immagino l'Italia dei prossimi vent'anni la vedo in testa alle classifiche sul benessere e sulla qualità della vita, sulla salute e sulla cultura. Non significa abbandonare la prospettiva manifatturiera, tutt'altro, ma inserirla in un progetto più ampio, in cui sia bello chiamare la nostra patria con il nome, rassicurante e semplice, di casa.

E siamo alle "mamme". Penso che la questione demografica rappresenti una delle sfide più decisive del nostro tempo. Una società che non fa figli è una società che deve recuperare fiducia e coraggio, un paese in cui il saldo naturale è negativo da dieci anni è un paese che lentamente muore. Per invertire la tendenza è necessario ripartire dalle mamme.

Il fatto che oggi, in Italia, le donne considerino la maternità un pericolo per la loro carriera o un rischio per la loro sicurezza economica è una delle più clamorose ingiustizie che esistano. Noi del Pd abbiamo portato tante mamme in politica, con le nostre quote rosa, ma ora dobbiamo portare la politica a occuparsi delle mamme.

Occuparsi delle mamme significa pensare alla tutela della maternità (ma anche alla tutela della paternità), certo. Vuol dire investire negli asili nido e nella scuola. Vuol dire prevenzione pubblica, vuol dire difesa dei vaccini contro le vulgate irresponsabili propalate da politici che si fatica a immaginare così ingenui da credere a quello che dicono, ma che si fatica ancora di più a credere così senza scrupoli da cavalcare, per un misero tornaconto elettorale, menzogne pericolose per la salute dei loro stessi figli.

Sono grato al professor Roberto Burioni per la battaglia di civiltà che ha cominciato sul tema dei vaccini anche utilizzando la sua pagina Facebook in un modo intelligente e appassionato. I nomi e i cognomi di chi contesta la scienza sono sotto gli occhi di tutti, a cominciare da Beppe Grillo e dai suoi spettacoli del passato e del presente. Le sue parole contro personalità la cui memoria è cara a moltissimi italiani, come Rita Levi-Montalcini o Umberto Veronesi, tradiscono chiaramente l'insostenibilità del tentativo del comico di sostituirsi allo scienziato, giocando sulla paura e sull'ignoranza. Sconfiggere proprio l'ignoranza combattendo porta a porta, ma anche post a post, è un'attività nella quale Burioni ha profondamente innovato con l'unico obiettivo di dimostrare l'assurdità di chi vorrebbe evitare la vaccinazione perché sarebbe eseguita in nome di non meglio specificati interessi economici. Il giro d'affari complessivo di tutta la vaccinazione supera di poco i 300 milioni d'euro: la malattia rende alle case farmaceutiche molto più della vaccinazione, prima o poi se ne accorgeranno anche gli oppositori della scienza.

Ma delle mamme va anche valorizzato l'essenziale ruolo economico nella nostra società: ogni investimento sulla maternità, ogni politica che migliori la possibilità concreta, quotidiana, di conciliare il lavoro con il "lavoro" di mamma, ogni misura atta a riequilibrare il gap salariale uomo-donna è, infatti, un investimento per il benessere del nostro paese. Ho scritto benessere perché penso che esista una questione di giustizia e di equità nel trattamento professionale, occupazionale e salariale delle donne. Che, lungi dall'essere solo un fattore etico, siamo in presenza di un vero e proprio problema macroeconomico. Siamo abituati a pensare che il nostro problema prioritario nelle scelte dei mercati o nella percezione esterna sia il livello del debito pubblico. Sicuramente il tema debito inquieta, ma mi ha colpito vedere nella presentazione del nostro sistema macroeconomico fatta ai mercati da uno dei principali istituti di credito italiano – che ha recentemente chiuso in modo molto brillante il proprio aumento di capitale – che il tradizionale approccio è stato rovesciato. Il fatto di avere un debito pubblico elevato ovviamente non fa piacere ma non costituisce un elemento così drammatico di freno. Tanto è vero che i nuovi dati ufficiali iniziano timidamente a fare quello che noi proponiamo da anni: tenere insieme debito pubblico e debito privato. Perché mettendo insieme il debito cumulato, il nostro paese recupera decine di posizioni.

Secondo gli ultimi dati della Banca dei regolamenti internazionali, a fine 2016 il debito aggregato dell'Italia (pubblico e privato) era pari al 269% del Pil contro il 278% della Spagna, il 280% del Regno Unito e il 297% della Francia. E non sono poche le sorprese per i mercati che costituiscono dei vantaggi per il nostro paese: per esempio, l'avanzo primario italiano, che è tra i più significativi, la percentuale di impiegati pubblici sul totale dei lavoratori, decisamente più bassa che in quasi tutte le nazioni più forti al mondo (avete letto bene: non abbiamo un eccesso di lavoratori pubblici rispetto ai nostri competitor. Magari si può discutere della loro produttività ma questa è un'altra storia). Tutte queste buone notizie sono ben evidenziate nella presentazione ai mercati di questo istituto di credito, come pure di altri. Ma la slide successiva gela gli entusiasmi. E costituisce uno dei fattori di debolezza del sistema-paese: la partecipazione delle donne al mercato del lavoro. In Germania lavora il 74% delle donne, in Francia il 68%, in Italia appena il 55% (in aumento rispetto al febbraio 2014, ma ancora troppo basso). La mancata partecipazione femminile al lavoro non è solo una questione etica, dunque, ma anche un danno economico che contribuisce a rendere poco appetibile il nostro paese nel mondo. Dunque abbiamo bisogno di un'attenzione marcata sul tema. Per invertire decisamente la rotta, però, oltre agli obiettivi sopra enunciati e a un necessario cambio di mentalità, serve arrivare a una vera riforma del regime fiscale legato alle famiglie con figli a carico. Per questo ci impegneremo a realizzare un vero e proprio sistema di assegno universale per i figli che favorisca in maniera sostanziosa le famiglie numerose e che incentivi a modificare quel frustrante tasso di natalità che ci colloca agli ultimi posti in Europa. Posso scriverlo e prometterlo perché dalla nostra abbiamo i risultati, non le parole. Lo abbiamo fatto per tutte le misure fiscali promesse, lo faremo appena sarà possibile agire in Europa, come descritto nel capitolo 3. In questi anni abbiamo investito moltissimo nelle politiche di genere, a tutti i livelli. Più risorse nel bilancio statale, il divieto delle dimissioni in bianco, gli aiuti per le vittime di violenza, il piano nazionale antitratta e antiviolenza, il rafforzamento del part-time, le risorse per il welfare aziendali e vari bonus mamme. Ma quello che serve adesso è un cambio di approccio, filosofico: questi temi sono i temi centrali del futuro, non questioni da lasciare soltanto alle associazioni di settore.

    Quante volte ci hanno domandato, e quante volte ci siamo domandati tra di noi, quale sia la prima caratteristica di un partito di sinistra, progressista, innovatore! Combattere per la giustizia, lottare per l'uguaglianza, per le pari opportunità, garantire la possibilità di un riscatto sociale, promuovere il capitale umano e la sfida educativa: ciascuno di noi potrebbe aggiungere altro a questo lungo elenco di caratteristiche fondanti l'identità di un partito di sinistra.
    Ma se devo proprio sceglierne una, pur volendo tutte quelle che ho citato sopra e molte di più anco-

ra, parlerei di futuro. Nel tempo che stiamo vivendo può suonare provocatorio affermare che una delle principali caratteristiche della sinistra è – o dovrebbe essere – mantenere il gusto e la curiosità per il futuro. Suona provocatorio e forse controcorrente perché il futuro non va più di moda, ammettiamolo. Le legittime e sacrosante preoccupazioni e incertezze della grande crisi ci hanno fatto smarrire i punti di riferimento. E davvero il futuro non è più quello di una volta: incute timore, angoscia, preoccupazione. Persino la tecnologia costituisce più un'incognita vagamente minacciosa che una speranza: più che di come ci semplificherà e allungherà la vita, ci preoccupiamo di come ci toglierà il lavoro e ci controllerà e influenzerà.

E così la paura diventa l'arma elettorale più forte, l'investimento politico a breve termine più redditizio, anche se in prospettiva si ritorce contro chi ne fa uso. La paura di ciò che è diverso, la paura di ciò che è distante, la paura dell'altro in quanto tale, la paura del domani. La paura che costruisce muri nati per proteggerti ma che poi ti rinchiudono, ti imprigionano. La sinistra deve saper rispondere a questa paura: non per cavalcarla, ma per trasformarla.

Non è facile. Anche perché la madre di tutte le paure è la paura della mancanza di sicurezza e della criminalità. Pochi leader provenienti da esperienze di sinistra hanno saputo vincere la sfida di coniugare "legge e ordine" con una chiave di lettura innovativa. Sicuramente Tony Blair, che nel 1997 annunciava: "duri con il crimine, duri con le cause del crimine". Ma pochi altri. E però questo è un punto fondamentale da affrontare per la sinistra italiana. La sinistra italiana deve essere capace di declinare in modo diverso il rapporto tra sicurezza, immigrazione, cultura.

Vorrei che non ci girassimo attorno. Le nostre città sono scosse da una minaccia che ha un nome preciso: estremismo islamico. Si chiama estremismo islamico e nessuno deve avere incertezze sul chiamarlo così. Ciò che lega le Torri gemelle al treno di Madrid, l'agguato alla redazione di "Charlie Hebdo" al Bataclan, l'aeroporto di Bruxelles a Nizza, gli attentati di Berlino a Londra ha la stessa matrice delle stragi al Museo del Bardo di Tunisi o al Bar di Dacca, all'Università di Garissa fino alla scuola di Peshawar. Questa minaccia ci inquieta perché colpisce la semplicità dei nostri luoghi di tutti i giorni: un ristorante, un teatro, un museo, una scuola.

Sono stati scelti obiettivi comuni, luoghi della quotidianità, simboli di una generazione che ha sempre conosciuto i valori profondi della pace e della libertà. Il terrorista si pone l'obiettivo di ucciderci. Ma, in alternativa, si accontenta di una soluzione di ripiego: farci vivere nella paura. Chiuderci a chiave l'anima nel buio del terrore. Vuole impedirci di sperare, di sognare, di amare, di vivere. Siamo spaventati dalle immagini di guerra o di morte, giusto. Ma dovrebbero spaventarci altrettanto i video che circolano in rete dove un cattivo maestro, un imam estremista e fondamentalista, educa un giovane a odiare la musica. Noi vogliamo che i nostri giovani continuino ad amare la musica. Loro distruggono le statue, noi vogliamo i Caschi blu della cultura. Bruciano i libri, noi apriamo le biblioteche.

In un film africano, *Timbuktu*, c'è una scena che mostra un gruppo di ragazzi che giocano a calcio in un paese in mano ai fondamentalisti, con tanto di porte e di reti. Ma non c'è il pallone. Perché gli integralisti odiano anche quello.

Odiano persino il calcio. La risposta che dobbiamo dare a costoro è molto semplice: noi non cambieremo mai il nostro modo di vivere. Noi non rinunceremo ai nostri valori. Noi non ci rassegneremo al terrore. Si arrenderanno prima loro. Perché ci sono secoli di storia, in questo paese, che gridano che la cultura è più forte dell'ignoranza. Che l'umanità è più forte del terrore. Che la bellezza è più forte della barbarie. Ma occorre una risposta che non sia soltanto emotiva. Chi crede che le lacrime siano inutili è un robot, non un uomo. Noi abbiamo il dovere di restare umani. Ma asciugate le lacrime, è tempo di reagire. Non c'è solo la risposta securitaria che, nei suoi limiti, va certamente perseguita con fermezza. Negli anni del mio governo, dal Viminale abbiamo gestito bene l'ordine pubblico grazie agli straordinari professionisti della sicurezza. A differenza di altri paesi abbiamo dimostrato di poter organizzare eventi complicati, dall'Expo al Giubileo, con una gestione molto efficiente e con una cura capillare dei dettagli. Ma per noi di sinistra la reazione non può essere solo quella di parlare di sicurezza e forze dell'ordine. Perché non saremmo più liberi se ci chiudessimo nel buio sottoscala delle nostre paure.

Occorre investire in sicurezza, certo. Ma contemporaneamente ricordarci chi siamo e dunque investire altrettanto in innovazione, cultura, sport. Per ogni euro in più investito in sicurezza, ci deve essere un euro in più investito in cultura. Per ogni intervento sulla cybersecurity, deve crescere una start-up. Per ogni telecamera nuova che viene installata, ci deve essere un videomaker o un regista teatrale che sperimenta. Per ogni investimento in polizia, ci deve essere uno sforzo maggiore di pulizia delle nostre periferie. Per ogni caserma ristrutturata, vogliamo un museo più accogliente. Per ogni mezzo blindato in più, un campo da calcetto. Per ogni arma, un canestro per le strade. Ogni denaro speso in sicurezza diventerà un investimento se ci ricordiamo che cosa stiamo difendendo: la nostra identità, fatta di pluralismo e di dialogo, di tolleranza e di confronto, di radici e valori. Il fatto che oltre trecentocinquantamila diciottenni si registrino per la "card cultura" che annuncio dal Campidoglio nei giorni successivi alla strage del Bataclan e che il candidato Macron utilizzerà come proposta modello durante la sua campagna elettorale la dice lunga sul bisogno di identità dei nostri ragazzi. Oltre l'80% dei denari della "card cultura" va in libri. E io ne sono semplicemente fiero: un diciottenne che legge un libro in più è un segnale di speranza per il nostro futuro.

L'immigrazione è un tema diverso. Più ampio. Migrante è colui che vuole venire a vivere da noi. Il terrorista vuole venire a morire da noi, trascinandoci con lui. Hanno obiettivi radicalmente diversi. Sembra una distinzione chiara, ma non sempre, e non per tutti, lo è.

Il 25 maggio del 2016 viene a trovarmi Jens Stoltenberg, il nuovo segretario generale della Nato. Persona per bene, già primo ministro socialista norvegese. Ho ancora in mente il suo bellissimo discorso dopo la terribile strage di Utoya: "Abbiamo il cuore a pezzi, ma non ci arrendiamo. Con queste fiaccole e queste rose mandiamo al mondo un messaggio: non permetteremo alla paura di piegarci e non permetteremo alla paura della paura di farci tacere". E ai giovani, coetanei degli innocenti uccisi nel campo studio organizzato dai laburisti norvegesi: "Il massacro di Utoya è stato un attacco contro il sogno dei giovani di rendere il mondo un posto migliore. I vostri sogni sono stati interrotti bruscamente. Ma i vostri sogni possono essere esauditi. Potete tenere vivo lo spirito di questa sera. Voi potete fare la differenza. Fatelo! Ho una semplice richiesta per voi. Cercate di essere coinvolti. Di interessarvi. Unitevi a una associazione. Partecipate ai vostri dibattiti. Andate a votare. Le elezioni libere sono il gioiello di questa corona che è la democrazia. Partecipando, voi state pronunciando un sì pieno alla democrazia".

Stoltenberg si siede sui divani gialli di Palazzo Chigi. E mi espone tutta la sua preoccupazione per la minaccia che lo sbarco massiccio di migranti pone ai paesi della Nato. Mi sembra di sognare. Lo guardo fisso e gli dico: "Jens, ma sei sicuro che i problemi alla nostra sicurezza vengano sulle nostre isole? Guarda che il problema sono le periferie delle città del Nord Europa, non i disperati che sbarcano a Lampedusa". Ne nasce una discussione. Accesa ma pacata. Perché mi rendo conto che anche il capo della Nato – personaggio di grande valore – collega irreparabilmente la questione della sicurezza a quella dell'immigrazione. La storia è fatta di migrazioni. Ma anche il futuro lo sarà, sempre di più. Chi va in tv promettendo soluzioni in venti giorni ignora – o finge di ignorare – che questo problema durerà almeno altri vent'anni. E non abbiamo alternative a una gestione complessiva e complicata. Invece, per il bisogno spasmodico di dare una risposta tempestiva alle agenzie e alle dichiarazioni del momento, è mancata la necessaria profondità politica di una riflessione in questo settore. È giusto e doveroso riconoscerlo.

L'immigrazione in questo momento si accompagna alla più grave crisi demografica mai vissuta dal nostro paese, con il 2016 che per la prima volta vede scendere il totale dei neonati in Italia sotto quota mezzo milione. Il problema non è combattere contro le norme sulla cittadinanza – il cosiddetto Ius soli temperato, che consente ai bambini nati in Italia che frequentino un ciclo di studi nella scuola italiana di ottenere la cittadinanza al termine di questo percorso e non al compimento dei diciott'anni. Una semplice questione di buon senso, l'anticipo di un dato che già esiste, il riconoscimento di un fatto di civiltà per cui due compagne di scuola media che condividono gli stessi momenti in classe o a pallavolo, al corso di musica o nella piazza del paese non possono essere diversamente cittadine solo perché una si chiama Maria e una si chiama Miriam. È un fatto di umanità, è un fatto di giustizia. Giocare su questo una battaglia culturale per prendere dieci voti in più sulla pelle dei minori a mio avviso è profondamente ingiusto.

Il punto però è che dobbiamo avere uno sguardo d'insieme uscendo dalla logica buonista e terzomondista per cui noi abbiamo il dovere di accogliere tutti quelli che stanno peggio di noi. Se qualcuno rischia di affogare in mare, è ovvio che noi abbiamo il dovere di salvarlo. Cominciando, nel contempo, a bloccare lo squallido business delle partenze e il racket che gestisce il flusso dei disperati che si accalcano su un gommone nelle notti libiche alla volta dell'Europa. Ma non possiamo accoglierli tutti noi. E aver accettato i due regolamenti di Dublino, come hanno fatto gli esecutivi italiani del 2003 e del 2013, è stato un errore clamoroso.

Vorrei che ci liberassimo da una sorta di senso di colpa. Noi non abbiamo il dovere morale di accogliere in Italia tutte le persone che stanno peggio. Se ciò avvenisse sarebbe un disastro etico, politico, sociale e alla fine anche economico. Noi non abbiamo il dovere morale di accoglierli, ripetiamocelo. Ma abbiamo il dovere morale di aiutarli. E di aiutarli *davvero* a casa loro.

Quanta vergognosa ipocrisia c'è in chi dice "Aiutiamoli a casa loro" dopo aver tagliato per lustri i fondi alla cooperazione internazionale, risparmiando su quei progetti che avrebbero fermato – almeno parzialmente – la migrazione economica. Sono così fiero dell'aumento dei fondi per la cooperazione voluto dal nostro governo. Del piano Africa presentato per primo da noi come Migration compact nel 2016 e poi in larga parte confluito nell'iniziativa di Angela Merkel per il G20 del 2017. Delle iniziative sull'energia di Eni ed Enel, della straordinaria forza del volontariato e del terzo settore italiano, del grande cuore del nostro paese, ma anche delle iniziative economiche.

Ma vanno aiutati a casa loro. Perché l'immigrazione indiscriminata è un rischio che non possiamo correre. Sostenere la necessità di controllare le frontiere non è un atto razzista, ma un dovere politico: come nota Régis Debray in un suo testo di qualche anno fa, *Elogio delle frontiere*, "Una frontiera riconosciuta è il miglior vaccino contro l'epidemia dei muri".

Ed è evidente che occorre stabilire un tetto massimo di migranti, un "numero chiuso", che, in relazione alle capacità del sistema-paese di valorizzare e integrare in maniera diffusa, nel rispetto della sicurezza e della legalità, consenta un'accoglienza positiva e sostenibile. Il tutto, naturalmente, ribadendo la necessità che la responsabilità dell'accoglienza sia equamente condivisa con gli altri stati europei. Perché un eccesso di immigrazione non fa bene a nessuno.

Non fa bene ai paesi da cui queste nostre sorelle e fratelli partono, visto che l'allontanamento di una parte così importante di capitale umano (paradossalmente, infatti, sono spesso le persone più motivate, competenti e "privilegiate" a poter intraprendere il viaggio) non può che rallentarne l'auspicabile processo di riforma degli assetti politici e sociali. In altri termini, un eccessivo tasso di emigrazione spesso priva le società meno sviluppate delle competenze e delle risorse umane di cui avrebbero bisogno per crescere e ammodernarsi. E non fa bene alle comunità che accolgono, le quali rischiano di veder crescere all'interno delle loro città quelle diaspore e quei ghetti che simboleggiano così plasticamente il fallimento di certe politiche d'integrazione.

"La persona che ha più bisogno di noi," come nota acutamente Paul Collier nei suoi ottimi saggi (*Exodus*, *Refuge*), "non è quella che riesce ad arrivare da noi, ma quella che neanche può permettersi di provarci." E dunque la vera sfida della sinistra può consistere solo in un grande, gigantesco investimento in cooperazione internazionale e aiuti allo sviluppo. Dobbiamo far uscire il dibattito sull'immigrazione dal perimetro dello scontro ideologico, che porta inevitabilmente ad accapigliarsi sulla domanda sbagliata – "immigrazione sì o immigrazione no?" – e a ignorare la domanda giusta: "come si può gestire un'immigrazione positiva e sostenibile?".

Il controllo dell'immigrazione non è un atto di razzismo, ma di ragionevolezza.

Accanto a questo elemento di semplice buon senso – che cozza con il buonismo filosofico e con l'utilitarismo universalista di certa classe dirigente e dei raffinati "ceti riflessivi" di alcune redazioni – c'è un ulteriore tassello che si chiama identità.

La parola "identità" è una parola positiva, non negativa. Identità non è il contrario di integrazione: il contrario di integrazione è disintegrazione. Senza identità non è possibile alcuna apertura. Senza identità la contaminazione sarebbe semplicemente annullamento. Può dialogare, contaminare e farsi contaminare chi ha un'identità forte, della quale non si vergogna.

Chi viene qui deve fare i conti con la nostra identità. Che è innanzitutto identità culturale, civile, spirituale, sociale. E in questo senso trovo fantastico che un grande professore di diritto internazionale come Joseph Weiler, tra l'altro di fede ebraica, abbia spiegato nel modo più lucido possibile la necessità di difendere la radice "cristiana" dell'Europa. Necessità che non si riferisce neppur lontanamente alla preclusione della libertà di culto, diritto ovviamente sacrosanto; ma al dovere di preservare e rivendicare con orgoglio la cultura che permea il nostro continente. Joseph Weiler, che ha un'esperienza di tutto rispetto, dalla docenza alla New York University alla presidenza dell'Istituto universitario europeo di Fiesole, ha scritto un saggio – per il quale ringrazia tra l'altro alcuni giovani professori come Andrea Simoncini e Marta Cartabia, quest'ultima oggi giudice costituzionale – di un'attualità impressionante, dal titolo *Un'Europa cristiana. Un saggio esplorativo*. Weiler immagina cosa possa provare una persona che arriva per la prima volta in Europa: vedrebbe una "babele di differenze" per il clima, la lingua, il cibo, la geografia, l'identità. Ma anche alcuni tratti in comune, a cominciare dalla croce cristiana nei cimiteri; dalle chiese nei singoli paesi, anche i più piccoli, e vedrebbe infine come "l'influsso cristiano sulla nostra cultura europea è semplicemente schiacciante" al punto da invadere tutto nell'arte, nella musica classica, nell'architettura, nella poesia, nella letteratura. Avere rifiutato di menzionare le radici cristiane dell'Europa appare dunque un tragico errore che, in nome di un astratto principio di rispetto multiculturale, ha impedito una definizione più precisa della nostra identità. Quasi che avessimo paura a definirci per quello che siamo dal punto di vista oggettivo della cultura continentale, non certo dal punto di vista soggettivo del culto individuale. E la cosa stupefacente è che il messaggio di Weiler è del 2003. Cosa ha fatto in quasi quindici anni l'Europa? Temo che si sia occupata d'altro.

Questa sfida interpella la politica. Ma non si impone nel chiacchiericcio politico dei talk show: infatti, non troverò mai una trasmissione televisiva disponibile a fare un ragionamento su questi temi che, tenendo insieme il diritto allo Ius soli temperato, le argomentazioni sull'Europa cristiana, il bisogno di controllare gli arrivi in Italia e la necessità di cambiare il regolamento di Dublino dopo gli errori del 2003 e 2013, arrivi a enunciare la centralità degli investimenti educativi e culturali, dunque identitari. Non mi sarà possibile discutere di questi temi in modo civile e pacato se, insieme a me, gli invitati saranno Matteo Salvini, Beppe Grillo o i suoi portavoce. Eppure è su temi di questo genere che si gioca il futuro della nostra società. Quello che mi interessa affermare, tuttavia, è che su questi temi la sinistra italiana può e deve fare una riflessione ulteriore, come il ministro dell'Interno Marco Minniti ha più volte proposto, affrontando l'indissolubile nesso tra la questione democratica e il tema della sicurezza del paese. Dire queste cose da sinistra è possibile, e forse necessario. In piena guerra contro il nazismo, nel 1941, George Orwell scrisse parole mirabili, che vale la pena rileggere ancora adesso, che pure viviamo una stagione della vita fortunatamente meno carica di problemi: "Il patriottismo non ha niente a che fare con il conservatorismo. Anzi, è esattamente il contrario del conservatorismo, perché è un atto di devozione e fedeltà a qualcosa che cambia di continuo ma che resta legato a qualcosa di misticamente identico (per l'appunto la patria, la nazione). Il patriottismo è un ponte tra il passato e il futuro. Ed è per questo che il patriottismo e la sinistra dovranno prima o poi tornare insieme".

5.
Domani

> Lo zaino più pesante che spalle umane possano reggere sul loro cammino è quello di un'anima.
>
> ALDO PALAZZESCHI

Uscire da un luogo di potere senza nulla: è un'esperienza che un uomo dovrebbe provare almeno una volta nella vita. Niente indennità, niente immunità, niente vitalizio. Uscire dal palazzo riconoscenti per ciò che è stato, perché noi siamo della corrente di quelli che dicono grazie quando se ne vanno, non di quelli che mettono il broncio perché hanno un comodo capro espiatorio da individuare. Tornare tra la gente accompagnati dal coraggio e dalla voglia di non abbandonare l'Italia alla rassegnazione. Dal desiderio di rimettersi in marcia, in cammino, come se fosse il giorno uno, con la stessa fame di sempre.

Sono esperienze che andrebbero provate, ma non credete a chi vi dice che sono facili. In tanti ti vedono vulnerabile, ferito, senza difese. Gli avversari sentono l'odore del sangue e si buttano a capofitto. Giustamente, direi. È il loro mestiere, sono i tuoi avversari: "Approfittiamone," è il loro messaggio, "poi se quello torna lo conosci come è fatto". Ma se dagli avversari questo te lo aspetti, sono gli amici a volte a sorprenderti. Quante volte nei capannelli in Transatlantico parlamentari e cronisti ti danno per bollito, finito, politicamente morto. Quante volte persino qualche deputato a te vicino sussurra dubbi, diffonde pessimismo, esprime sconforto.

Vista dalla parte del *de cuius*, del politico considerato finito, la scena è meravigliosa. Non scherzo. Se dotati di un buon carattere, di molto senso dell'ironia e di una bella propensione al sorriso, dovreste pagare il biglietto per assistere all'italica arte della discesa dal carro del vincitore dalla prospettiva... del carro. C'è quello che scende alla chetichella, sperando che non se ne accorga nessuno, c'è quello che si tuffa in fuga precipitosa, c'è quello che è talmente allenato a scendere dal carro che ormai ne sai individuare lo stile.

Poi accade che vinci le primarie con un margine più ampio del previsto. E li riconosci – sono sempre gli stessi – quelli che tornano su di corsa, che si riprendono (o provano a farlo) un posto nel carro, quelli che si comportano come se non fossero mai andati via. Li riconosci, sono sempre i primi. Sono i primi a mandare sms la notte delle primarie per congratularsi e i primi a fare tweet polemici dopo la sconfitta alle amministrative.

Dopo il referendum e la decisione di dimettermi dalla guida del governo e del partito, però, ho passato mesi che non auguro nemmeno agli avversari più accaniti. Uno straordinario stress test per il carattere.

Una caccia all'uomo senza esclusione di colpi sul fronte politico, giudiziario, mediatico e personale si abbatte su di me, e ancor prima di riuscire a domandarmi se davvero merito tutto quest'odio devo reagire, riprendermi, ripartire.

Sul fronte politico, si consuma una scissione costruita a mente fredda con l'unico obiettivo di farmi fuori. Chiedo il congresso e rilanciano con una conferenza programmatica. Offro la conferenza programmatica e vogliono le primarie. Vado alle primarie e loro fanno la scissione. E quando vinco le primarie, comunque dal giorno dopo riparte il film di chi vorrebbe ignorare il giudizio espresso da due milioni di cittadini.

Sul fronte giudiziario, pezzi dell'apparato statale vengono accusati di costruire prove false con l'unico obiettivo di coinvolgermi in un presunto scandalo e di arrestare mio padre, che nel frattempo viene pedinato come un camorrista mentre va agli incontri di lavoro. Temo che non sia ancora sufficientemente chiara la gravità dello scandalo: rappresentanti delle istituzioni che lavorano per manipolare prove contro di te e la tua famiglia. E lo fanno mentre sei alla guida del governo della Repubblica! Qualcuno prima o poi chiamerà questa cosa con il suo nome: atto eversivo. Mi sembra importante che resti agli atti lo stupore prima ancora che l'amarezza, perché la gravità di questi fatti non può scorrere via nell'indifferenza.

Sul fronte della comunicazione, si scatena un assalto alla diligenza finalizzato a mettere in discussione i risultati ottenuti nei mille giorni del mio governo. Subito dopo le dimissioni, parte il ritornello nauseante del "bisogna mettere in sicurezza i conti", salvo poi scoprire che le cose vanno molto meglio di come sono state raccontate, e che abbiamo lasciato un gruzzolo di denaro da investire e decine di riforme che producono nel paese crescita e fiducia. Nei mesi scorsi ho letto e sentito dire che, per colpa dei nostri debiti, il governo Gentiloni avrebbe dovuto aumentare l'Iva e il prezzo della benzina e introdurre una tassa sullo zucchero. Alla fine si è scoperto che non solo non c'erano buchi di bilancio, ma addirittura era a disposizione un tesoretto, parola orrenda ma chiara, di 47 miliardi di euro da spendere in investimenti. Quando dicevamo che con le riforme il paese avrebbe ripreso a correre, in tanti storcevano la bocca. Ora mettere in discussione i risultati di questi anni è difficile, ma c'è sempre qualche ardimentoso commentatore che si presta. Non li definirò mai più gufi, ok. Loro però in cambio potrebbero smettere di gufare.

Quello che tra gli addetti ai lavori ancora in tanti, troppi, non hanno colto è che io non vivo affatto ossessionato dall'idea di tornare a Palazzo Chigi. Tornerò? Non tornerò? Fra un anno? Fra tre? Chi lo sa. A quarantadue anni, questo è l'ultimo dei miei pensieri. E comunque lo decideranno gli elettori, non gli editorialisti. I voti degli italiani, non i veti dei partitini. Ciò che davvero mi assilla è che c'è ancora un futuro da scrivere, una pagina bianca di idee per l'Italia tutta da completare, e vorrei che questa fosse considerata la priorità per il paese. Il problema non è cosa farò io da grande, ma cosa farà l'Italia.

Più volte mi sono domandato, allo specchio o con gli amici: ma chi ce l'ha fatto fare? Già. Perché quando io armeggiavo con lo scotch a Palazzo Chigi per chiudere gli scatoloni avevo deciso davvero di andarmene. Per sempre. Di dedicare i miei anni migliori – questi, quarantenne, con i figli grandi ma ancora in casa – a vivere fuori dalla politica.

La politica è bellissima. Ma se sei un uomo pubblico devi rendere conto di tutto quello che fai, non hai il diritto di trascurare nessuno, non puoi dirti: ok, adesso stacco per un po'. Volevo solo vivere, fuori, per i fatti miei, dopo mille giorni intensi a Palazzo Chigi e dopo dieci anni di servizio a Firenze. E volevo un po' di tranquillità, prendermi qualche weekend per leggere dei libri, tornare al cinema, o più semplicemente preparare il triathlon. Cosa che comunque – costi quel che costi – prima o poi farò.

E allora diciamolo, chi ce l'ha fatto fare. Una impressionante mobilitazione delle ore post-referendarie. È uno tsunami di affetto inatteso nei toni e nelle quantità. La gente ci ferma a scuola, in strada, al supermercato, fuori dalla chiesa. Oltre ventimila email il cui succo è: "Tu non hai il diritto di decidere da solo di mollare. Perché, che tu ne sia o meno consapevole, ormai rappresenti anche noi. I desideri che abbiamo per i nostri figli. Non puoi decidere il tuo futuro da solo".

Me lo dice subito anche Agnese, che pure era fino a quel momento molto convinta di lasciare tutto e buttarsi finalmente nel privato.

Nei mille giorni che ho trascorso al governo, mia moglie Agnese è stata una presenza costante e discreta, che mi ha accompagnato anche nelle fatiche, nelle tante difficoltà. Quando abbiamo capito che l'ipotesi Palazzo Chigi stava diventando realtà, abbiamo avuto appena qualche ora per decidere in che modo organizzare la nostra vita. Agnese ha dato come sempre la precedenza all'educazione dei nostri figli, così la mia famiglia non mi ha seguito a Roma. La lontananza ha pesato, come per tutte le famiglie in cui un genitore lavora a distanza. Forse persino di più, perché ogni giorno i media parlavano della mia azione di governo, proiettandomi su uno scenario che non era più condiviso quotidianamente tra noi, come invece era accaduto fino a quel momento. Quando non ci si incontra più al mattino per fare colazione ma in una chat su WhatsApp, è evidente che le cose sono più difficili.

Eppure Agnese c'è sempre stata, reggendo l'impatto di un lavoro che non aveva cercato, che non aveva mai immaginato di poter fare, di voler fare, di saper fare. Già, perché quello di first lady per lei è stato un lavoro; part-time, certo, ma un lavoro. Faticoso e difficile. Non c'è stato viaggio all'estero in cui non si sia preparata come e meglio di me. Non c'è stato evento pubblico nel quale non abbia cercato di portare il proprio impegno, oltre alla propria presenza. "L'Italia è stata orgogliosa di come tu l'hai rappresentata," le dico mentre è al mio fianco nell'ultimo discorso da Palazzo Chigi.

Agnese c'è con la sua delicata forza anche quando si vede meno. C'è con Michelle Obama alla Casa Bianca, al G20 in Australia, durante il funerale delle vittime del terremoto, mentre incontriamo la vedova Raciti o mentre aspettiamo che rientri dal Sudan Meriam, la ragazza di cui ho già parlato, che ha partorito in catene perché colpevole di essere cristiana. C'è quando si impegna nel sociale e nel terzo settore (in particolar modo nel mondo della disabilità), quando dice no a tutte le interviste ma scrive una lettera di suo pugno a Luca Dini, direttore di "Vanity Fair", a condizione di parlare della nostra nipotina Maria, una bambina speciale perché ha un cromosoma in più; i miei figli si indignano se un loro compagno la definisce "mongoloide", e puntualizzano tenaci: "Mia cugina ha la sindrome di Down ed è bravissima". Quando viene con me più volte sui luoghi del terremoto, a cominciare dai funerali di Ascoli o la messa di Ognissanti fuori dalla piccola chiesetta di Preci, e, anche se faranno polemiche persino per questo, non trattiene le lacrime, come non trattengono le lacrime migliaia di italiani.

Agnese c'è anche quando litighiamo. Per esempio, non mi perdona il fatto di aver preso l'aereo di stato per andare a sciare ad Aosta, dove trascorro il primo Capodanno da premier. Tutto perfettamente legittimo, anzi previsto dal protocollo di sicurezza. Ma dall'anno dopo le vacanze sulla neve si fanno partendo in macchina, "oppure te le fai da solo: perché io non voglio dover sopportare polemiche assurde per colpa tua".

Agnese c'è anche nel momento, durissimo, della legge sulla Buona scuola. I giornali vanno all'attacco per scoprire ogni dettaglio sui suoi studenti, i suoi colleghi, le sue relazioni interne al collegio dei docenti. Il boccone mediatico è troppo ghiotto per farselo scappare, e così la macchina del fango si mette in moto anche contro di lei, colpevole di aver ottenuto dieci anni prima (dieci!) l'abilitazione attraverso la scuola di specializzazione. In parlamento, squallidi portavoce della catena d'odio non si fermano davanti alla verità e l'accusano di aver avuto facilitazioni.

Finché un giorno proprio Agnese – che nel frattempo si è cancellata e ha fatto cancellare i nostri figli da Facebook e Twitter – trova in rete un bellissimo messaggio di una collega, elettrice e attivista 5 Stelle. Si chiama Barbara Visicchio, insegna a Venezia, e scrive parole definitive:

> Senza offesa, avete un tantino rotto con questi post contro Agnese Landini. Tutto avrei creduto nella mia vita, tranne che, io, insegnante, iscritta al M5S e desiderosa, come non mai, di vedere la fine politica di Matteo Renzi, mi sarei ritrovata a difendere la moglie del presidente del Consiglio dalle accuse ingiuste e infamanti che le sono state rivolte, soprattutto negli ultimi giorni, ma più in generale negli ultimi anni. E la cosa di cui mi dispiace maggiormente è che le accuse vengono non solo da persone esterne al mondo della scuola, di cui ignorano le principali dinamiche, ma da colleghi che sanno perfettamente cosa stiamo vivendo in questi anni. [...] Davvero non se ne può più. [...]
> Io sono la prima a non avere parole tenere per Renzi, ma me la prendo con lui, non con la moglie. I social network sono diventati sempre più il posto in cui si sputa veleno, senza verificare la fonte di quanto si afferma o si condivide. [...] Quando Agnese Landini ha scelto di fare l'insegnante (si è abilitata con la Ssis nel 2007), il marito non era neanche segretario del Pd, e ha avuto una carriera scolastica normalissima, facendo supplenze nelle scuole statali per almeno 8 anni, prima di passare di ruolo, quindi più di me che ne ho fatti solo 6, da abilitata. A novembre 2015 è passata di ruolo, come tutti quelli che hanno fatto domanda per partecipare al piano straordinario di immissioni in ruolo, circa 90.000 persone. Cosa avrebbe dovuto fare lei, rinunciare solo perché era la moglie del presidente del Consiglio? Io, personalmente, mi sento di apprezzare una donna che, nonostante il ruolo che riveste, ha deciso di continuare a lavorare in un mondo non facile, invece di fare la "First lady" tutto il giorno. [...]

Non ho mai incontrato quella cittadina italiana, elettrice attivista e militante grillina. Vorrei dirle che le sono grato, che nel dire la semplice verità ha allargato il cuore di mia moglie, della mia famiglia, il mio. E che in tempi di post-verità e fake news è bello sapere che ci sono persone intellettualmente oneste. Che non ti votano, che non ti voteranno mai, a cui magari stai anche antipatico, ma che non scambiano l'odio con la realtà.

I media hanno evidenziato come nella notte della sconfitta referendaria la presenza di Agnese sia stata delicata e potente. È vero, nella notte in cui tanti iniziavano a scappare, lei c'era. Con i troll, forse prezzolati da aziende, o partiti, in prima fila a contestarla per il pullover, anziché a riconoscere la dignità e lo stile di chi usciva in punta di piedi da un luogo in cui non aveva mai chiesto di stare.

Penso ai miei figli, non solo a quelli degli altri. Ester, Emanuele, Francesco.

Anche loro partecipano alla discussione. Penso che la mia scelta avrà un valore educativo anche nei loro confronti. E non perché devo insegnare loro qualcosa. Anzi mi viene in mente che forse l'esempio giusto me lo ha dato proprio Francesco, il più grande, ormai sedicenne. Al contrario di suo padre, lui ha sempre avuto piedi buoni per giocare a calcio.

Ho trasmesso da subito la mia passione per il calcio ai miei figli, con robuste dosi di televisione (e ancora non avevo la pay tv). La prima volta che porto Francesco allo stadio si addormenta dopo pochi minuti. Ma prima si gira e mi domanda, abituato ai servizi di *90° minuto*: "Scusa babbo, noi stiamo vedendo sempre la stessa partita, quando cambiano e arrivano gli altri?". Comunque, come dicevo, Francesco è obiettivamente bravo con il pallone. Dopo decine di gol segnati nella Settignanese, decide di lasciare quella società e andare a fare un campionato con l'Affrico. Ma all'Affrico finisce in panchina. Fino all'umiliazione di non entrare in campo dopo essersi a lungo scaldato nel derby cruciale con l'Olimpia.

Sono a Palazzo Chigi e ricevo un sms che mi fa sentire in colpa per non essere lì di persona. Anche solo ad ascoltarlo. Quando finalmente riesco a parlargli, commetto l'errore. Gli dico: "Dai, molla. Sei al primo anno di liceo classico. Vuoi diventare caposquadriglia agli scout. Tornerai a giocare il prossimo anno in un'altra squadra". Francesco alza gli occhi, mi guarda e mi dice: "Io non mollerò mai. Piuttosto finisco il campionato in panchina, ma non lascio questa maglia". È bello quando ricevi una lezione dai tuoi figli.

Non posso decidere da solo se andarmene o no. Ma non posso nemmeno decidere da solo se ripartire o no. Perché non credo ai leader che si autoproclamano tali senza essere mai verificati nel voto popolare. Noto un certo fastidio per l'esercizio della democrazia nei piani alti delle redazioni, dei palazzi del potere, dei salotti buoni. Pensano quasi che votare sia un atto inutile, qualcuno probabilmente si innervosisce perché le decisioni vengono prese dalla plebea matita elettorale anziché dall'illuminato commento editoriale. Puoi candidarti alla leadership e presentare i risultati di ciò che hai fatto e la visione di ciò che vorrai fare. Ma senza consenso non sarai mai leader. E questo sfugge a chi costruisce complicati giochi alchemici con intrighi e intrugli di palazzo, con ricette teoriche e coalizioni fittizie. Perché a un certo punto ci vogliono i voti, non solo i discorsi.

E allora accetto di restare in campo, perché non posso decidere da solo se andarmene, ma chiedo che a indicarmi se questo progetto ha un futuro sia il consenso della mia gente, del mio popolo, delle persone che ci credono insieme a me, talvolta più di me. La legittimazione per un politico non possono essere migliaia di email, devono essere centinaia di migliaia di voti. Questo passaggio è centrale per me. Così, per vincere decido di rimettermi in moto.

Ripartire è bellissimo. Passo dai voli con aereo di stato ed elicottero, organizzati e coordinati in modo ineccepibile per non perdere neanche un nanosecondo, al trolley. Il mio nuovo viaggio comincia dalla periferia di Napoli, Scampia. Chiamo padre Fabrizio Valletti, un gesuita scout, per chiedergli di portarmi in incognito in giro per questo quartiere simbolo del degrado, davanti alle Vele per le quali abbiamo stanziato – dopo anni di parole – i soldi per la demolizione. Ho voglia di toccare con mano una delle realtà più difficili dell'intero Mezzogiorno perché credo che il riscatto possa partire da qui, a condizione che le istituzioni finalmente si facciano sentire, mettendo soldi ed essendo presenti in modo non episodico. Padre Fabrizio mi aspetta davanti alla stazione. Salgo sul suo Doblò mezzo scassato, e giriamo tra accampamenti rom e strade piene di fango. Piove a Scampia, mentre entro nella palestra di Gianni Maddaloni, "'O maè", educatore straordinario, campione olimpionico e punto di riferimento per un'intera comunità.

Per Napoli ho una passione travolgente, non ricambiata dall'amministrazione civica del sindaco De Magistris che si autodefinisce "città derenzizzata". Accolto da manifestazioni di protesta immancabili, in alcuni casi con tanto di sassaiole provenienti da cortei cui partecipano anche esponenti dell'amministrazione, scelgo di tornarci da privato cittadino passando per le esperienze sociali e umane più intense. E l'intelligenza strepitosa di padre Antonio Loffredo mi introduce nel cuore del quartiere Sanità, nelle catacombe che un'esperienza di associazionismo e di cooperazione sociale ha riportato nei circuiti turistici creando decine di posti di lavoro e segnando una delle più belle operazioni di riscatto dal basso che abbia mai visto in tutto il paese. La storia della Sanità di Napoli, il quartiere dove è nato Totò, è una storia tra le più difficili ed emozionanti. Stringendo le mani a quei ragazzi, mi rendo conto che la dimensione più bella della politica è l'umanità, il contatto diretto, lo scambio di sguardi. E penso che Napoli non debba arrendersi, ce la possa fare, ce la debba fare. Anzi penso che, per alcuni aspetti, Napoli sia un esempio di quello che potrebbe succedere in Italia.

Del resto, incontrando il capo di Apple, Tim Cook, avevo fatto di tutto per convincerlo ad aprire la Developer Academy dell'azienda di Cupertino proprio insieme alla Federico II nella città partenopea. E quando Tim – in visita a Palazzo Chigi – mi annunciò il suo sì, anche se qualcuno – come Roberto Saviano, che pure stimo molto – storse la bocca, si compiva una svolta strepitosa: Napoli tornava ad attrarre centri di eccellenza mondiale. Il modello Napoli per Apple sarà replicato in altre città di tutto il mondo e dimostra che cosa può fare la qualità della vita coniugata con la qualità della ricerca, se abbracciate da un grande brand globale. Questo non significa dimenticarsi del vero dramma di città come Napoli: la povertà educativa.

L'incontro forse più interessante è stato con Paolo Siani. Ai più, Paolo è noto come il fratello di Giancarlo Siani, giornalista del "Mattino" ucciso dalla camorra nel 1985. Una storia terribile che Paolo ha scelto di tenere viva insieme a migliaia di ragazzi portando nel cuore e nelle piazze la memoria del fratello. Ma Siani è anche primario di pediatria all'Ospedale Santobono di Napoli e presidente della fondazione Polis, dunque uno dei massimi esperti di lotta alla povertà educativa. "Quando vedo la madre che ha partorito, nel 90% dei casi posso già immaginare il futuro del bambino." Dev'essere terribile non riuscire a dare a tutti le stesse occasioni, le stesse opportunità, le stesse possibilità. È terribile che ancora oggi il futuro di un bimbo dipenda solo dalle condizioni di vita dei genitori. E se una famiglia non legge, non studia, non offre stimoli, quel bambino è segnato, spacciato.

Per questo Siani lavora attraverso la sua fondazione, con tante donne e uomini di buona volontà, per combattere la povertà educativa, il vero male di parte del nostro paese. Noi lo abbiamo fatto con la prima misura concepita per questo settore: abbiamo creato un fondo di contrasto alla povertà educativa, che per il momento è stato finanziato per 400 milioni in tre anni: il 25% dalle fondazioni bancarie. Abbiamo scelto di innovare profondamente il modello di governance con esperti nominati dal governo, dalle fondazioni bancarie ma anche dal forum del terzo settore. Fondamentale è il ruolo della fondazione Con il Sud, che Carlo Borgomeo dirige in modo impeccabile. Gli interventi spaziano dalle attività di tutoraggio e di accompagnamento ad attività culturali e sportive alle iniziative che aiutano i genitori a interagire e investire, di conseguenza, sui minori in modo più appropriato, aumentandone tranquillità e autostima.

Vado a pranzo a casa di Siani e penso che occorrerà sempre di più coinvolgere nel Pd e nelle istituzioni persone di questa levatura. Che non sono molto interessate al chiacchiericcio della *politique politicienne*, ma possono apportare contributi rilevanti non solo riguardo la battaglia per la legalità, a proposito della quale Siani ha acquisito competenza sul campo a sue spese. Possono aiutarci anche su temi specifici quali la lotta alle disuguaglianze educative.

I grandi progetti e i piccoli sogni a Napoli sono destinati a incontrarsi: è il caso di Bagnoli, un pezzo di territorio meravigliosamente interessante, forse una delle più affascinanti realtà da bonificare a livello europeo. Nel 1993 l'Italsider chiude a Bagnoli abbandonando un'area di più di duecento ettari, circa il doppio dell'area di Expo a Milano. Di questi, la maggior parte è ancora sequestrata dalla magistratura per via dei processi in corso.

A Bagnoli tutti promettono, nessuno fa nulla. Quando arriviamo al governo, con il decreto Sblocca Italia, prendiamo in mano la situazione e avviamo la svolta. Nominiamo un commissario, il dottor Salvatore Nastasi, senza il quale niente sarebbe stato possibile, per approntare un programma di bonifica e rigenerazione urbana, gli affidiamo i denari necessari, scegliamo Invitalia come soggetto pubblico per effettuare materialmente gli interventi. I primi sei mesi li perdiamo dietro il ricorso del Comune di Napoli che, dopo aver dormito per anni, apre pure la polemica contro chi finalmente agisce, dopo tutti i rinvii. E il 6 aprile 2016 in Prefettura approviamo il programma di bonifica e rigenerazione predisposto dal commissario, che contestualmente avvia le gare per le caratterizzazioni delle aree al fine di capire dove è inquinato davvero.

Il programma di bonifiche, che durerà anni, prevede finalmente la rimozione della famigerata colmata, che costituisce un autentico scandalo, e la ricostituzione di un *waterfront* unico in uno dei litorali più belli del mondo. Con questo intervento, che rispetta il piano regolatore del Comune di Napoli, riusciamo a evitare anche tentativi di speculazioni acquisendo con il Demanio terreni che altrimenti sarebbero stati venduti tramite procedure fallimentari. Il progetto è finalizzato a sviluppare la vocazione culturale e turistica del territorio e prevede un investimento di un miliardo di euro tra bonifica, rigenerazione e investimenti privati.

Questa avventura è una delle sfide più belle e culturalmente rilevanti dei mille giorni. Ci ho creduto dal primo momento e sono felice che, anche dopo aver lasciato Palazzo Chigi, stia procedendo nel solco che abbiamo tracciato e che segnerà i prossimi cinque anni riguardo alle operazioni di bonifiche ma i prossimi decenni riguardo ai napoletani e alle loro prospettive di sviluppo. Perché insisto così tanto su Napoli? Perché è la capitale del Mezzogiorno e, se Napoli riparte – come i dati del 2016 hanno finalmente iniziato a mostrare sul Pil –, è il paese intero a trarne beneficio. Napoli significa il lavoro su Pompei, con oltre tre milioni di visitatori che tornano a emozionarsi davanti a uno dei siti archeologici più strepitosi a livello mondiale, sito che smette di far notizia per i crolli e incuriosisce di nuovo per la qualità delle mostre e dei restauri. Napoli significa Pozzuoli ed Ercolano, significa la nuova linea metropolitana – tra le più belle al mondo – finanziata dal ministero delle Infrastrutture, significa l'investimento sul Museo di Capodimonte e sul Museo archeologico, significa allargarsi verso la Reggia di Caserta e bonificare la "Terra dei fuochi" su cui il governatore Enzo De Luca ha investito tutta la sua autorevolezza (oltre che i soldi dell'accordo "stato-regione"). E penso che Napoli sia di una bellezza così impressionante che è assurdo stare a lamentarsi. Bisogna lavorare sui singoli progetti, certo. E stringere i denti quando tutto sembra andare storto. Ma anche avere in mente un forte progetto più grande.

Dopo la figuraccia mondiale che ci ha fatto fare l'amministrazione 5 Stelle con le Olimpiadi 2024, per Roma sarà quasi impossibile riprendere in considerazione la candidatura, per la quale il Coni aveva preparato un dossier perfetto. A questo punto, la città italiana che può davvero giocarsi la carta della candidatura alle Olimpiadi è proprio Napoli. E per Napoli sarebbe la svolta, come lo fu per Barcellona nel 1992: percorso peraltro simile, considerando che la Barcellona degli anni ottanta non era come la Barcellona di oggi, e che proprio le Olimpiadi sono state il fattore di svolta. Non suoni come una fuga in avanti. Ci sono le Vele di Scampia e c'è la povertà educativa, ci sono le periferie e le strade da risistemare, ma Napoli ha tutte le carte per diventare una capitale mondiale: le Olimpiadi potrebbero essere l'occasione per progettare in modo organico una ripartenza strategica per una città che a mio giudizio ha un fascino unico e che, per quanto ho potuto verificare concretamente, è capace di coinvolgere i più importanti player mondiali. Grandi eventi e riscossa dal basso, superaziende internazionali e cooperative di giovani: questa la ricetta per riportare Napoli in alto. Intanto, nel solo 2016, grazie a un massiccio investimento politico del governo centrale e del governo regionale, il Pil di quest'area metropolitana è cresciuto del 2%, più della media nazionale.

Non c'è solo Napoli nel mio Sud, però. Fra le tappe più interessanti voglio far risaltare la Locride e la cooperativa Goel, dove Vincenzo Linarello e i suoi collaboratori combattono la 'ndrangheta con il lavoro e la tenacia, senza nascondersi ma costruendo occasioni concrete di riscossa, dal basso. Ragazzi come Linarello e i suoi sono per me i veri eroi dell'Italia di oggi. Rappresentano il modo più bello di vivere la speranza: all'opera.

Vado a Taranto a parlare con gli operai dell'Ilva, che hanno visto con quanta cura e dedizione abbiamo seguito il futuro di un'acciaieria strategica per l'Italia.

Vado a Modena, nella frazione di Festà di Marano, dai ragazzi schiavi della ludopatia della comunità Pluto, una delle prime strutture dedicate a questa terribile emergenza. Vado a Pavullo nel Frignano da padre Sebastiano, un frate cappuccino fondatore della casa di riposo Francesco e Chiara, centro destinato all'accoglienza degli anziani che soffrono. Vado a Matera, a visitare i cantieri della Capitale europea della cultura 2019. Una candidatura a cui molti non credevano, ma che a noi fa pensare che ci siano oggi tutte le condizioni per replicare il successo dell'Expo e avere una ricaduta sul territorio che vada oltre le date dell'evento.

Vado nel profondo Nord, all'ex cotonificio di Lomazzo, dove le start-up innovative del territorio sfondano persino alla Borsa di Londra. Faccio un sopralluogo in una scuola a Cernusco sul Naviglio, visito un centro sociale per anziani in un quartiere multietnico di Pioltello, nella periferia milanese. E poi ne approfitto per incontrare gli amici. Quelli conosciuti nell'esperienza politica, come un gruppo di manager, imprenditori, professionisti milanesi coordinati da Daniele Ferrero: sono quelli che, quando le cose non funzionano, pagano una pagina di pubblicità sul "Corriere della Sera" per chiedermi di andare avanti. E approfitto del tempo in più che l'agenda mi consente per tornare a incontrare anche gli amici che c'erano prima della politica. Quelli di sempre, come don Paolo Bargigia, mio professore di religione al liceo e oggi impegnato nella più dura battaglia, contro la Sla. Lo trovo sempre lucido – sostenuto da una fede che non è un principio ideologico, e men che mai un gesto moralistico, ma l'incontro vero, vivo, vitale con una presenza e la compagnia di cui ci parlava con naturalezza quando camminava insieme a noi in montagna e ci sfidava a colpi di grappini, la stessa di oggi che è intrappolato in una carrozzella a rotelle incapace di trattenerne la straripante forte debolezza. Dopo il periodo in missione don Paolo è tornato in Italia per curarsi insieme agli amici di sempre, tra cui don Giovanni e don Andrea, e quando si chiacchiera mi sembra di tornare ai tempi del liceo. Mi sento a casa, quasi protetto, forse felice di ritrovare qualcuno che ti conosce come sei e ti guarda solo in base a questo, quello con cui a scuola potevi parlare di tutto. Nessuno come don Paolo mi ha offerto in questo periodo uno sguardo laico e concreto – anche sugli elementi per cui critica la proposta della maggioranza – sulla questione del testamento biologico e dei diritti dell'infermo: quanto dovremmo imparare ad ascoltare il punto di vista non ideologico e consapevole dei malati.

Andare in questi luoghi non è una trovata di marketing, un momento per qualche foto e un tweet. Ognuna di queste esperienze resta impressa nel profondo, ognuna delle persone incontrate diventa un punto di riferimento per un ragionamento, un'intenzione, una prospettiva di cambiamento.

I risultati sono straordinari. Facciamo le primarie in uno dei giorni meno propizi dell'anno: nei giorni del ponte del Primo maggio. Eppure migliaia di volontari organizzano i gazebo rinunciando alle ferie. Già nel voto dei circoli oltre 250.000 persone si erano messe a discutere di mozioni, documenti, relazioni. Avevano deciso di uscire di casa per mettersi in gioco e partecipare, rinunciando alla stanca litania della lamentazione sterile. La partecipazione alle primarie vere e proprie è poi impressionante. A dispetto degli scandali, veri o presunti. Nonostante la tempistica, quasi due milioni di persone celebrano il trionfo della democrazia in una cornice organizzativa semplicemente perfetta. A differenza di moltissimi altri casi di primarie, non si riesce a trovare neanche uno spunto per la polemica.

I numeri delle primarie sono impressionanti.

Quasi due milioni di partecipanti, il 70% che vota per la mozione "Avanti, insieme", presentata al fianco di Maurizio Martina, con il quale abbiamo vinto tante sfide, a cominciare dall'investimento sul mondo dell'agroalimentare, dall'Expo a Milano, dall'aumento dell'export del cibo e del vino. E adesso abbiamo la responsabilità di non lasciare il Partito democratico, la più bella sfida politica degli ultimi decenni in Italia, alla sinistra dei salotti e della nostalgia.

Altro che clic, altro che troll, questi sono voti veri, donne e uomini in carne e ossa.

Durante la campagna abbiamo scelto di occupare il lato del buon senso, ponendo al centro del dibattito le idee e non le polemiche. Ragionando di vaccini e non di filosofie autoreferenziali. Stando dalla parte dei contenuti più che dei contenitori. È la stessa cosa che voglio fare per il futuro.

Ogni volta che accade qualcosa nel mondo politico, a Roma cercano di risucchiarci nella polemica. Questioni semplici vengono ingigantite al solo scopo di screditare il Pd, bersagliato in quanto unico vero argine al populismo.

Accade così per la legge elettorale, ad esempio. Il

presidente della Repubblica si espone in più di una circostanza per modificarla. Noi apparteniamo a una cultura politica per la quale gli inviti del Quirinale sono impegni vincolanti per i partiti. E così cerchiamo di promuovere un accordo di tutte le principali forze politiche, fedeli al principio che le regole elettorali bisogna cercare di scriverle insieme. Anche l'Italicum era stato scritto insieme a Forza Italia, del resto.

Quando riusciamo a ottenere l'accordo di tutti i principali partiti sul modello tedesco con sbarramento al 5% e collegi uninominali, la reazione di una parte della classe politica è incomprensibilmente dura. Qualcuno arriva persino a parlare di accordo extraistituzionale, perché figlio di un'intesa tra partiti, quando proprio l'accordo tra forze politiche diverse sarebbe stato una straordinaria prova di autorevolezza per le istituzioni. Aver attaccato quel passaggio di responsabilità accusandolo di ogni nefandezza si rivelerà, secondo me, una scelta profondamente sbagliata, che peserà molto nel dibattito dei prossimi mesi. Forse l'accordo – ben negoziato da parte nostra dal capogruppo Ettore Rosato e dal coordinatore della segreteria Lorenzo Guerini – sarebbe fallito comunque alla prova del voto segreto, ma sono certo che coloro i quali hanno lavorato per far saltare quell'accordo basato sul modello di una delle più efficienti democrazie europee faticheranno non poco a giustificare a se stessi l'atteggiamento contraddittorio che hanno avuto in questa partita. Quell'accordo salterà per la paura di larga parte dei parlamentari di anticipare il passaggio elettorale.

Solo la cronaca dirà se abbiamo fatto bene o male a non cogliere la ghiotta finestra elettorale europea – dalla Francia alla Germania, dal Regno Unito a Malta, dall'Olanda all'Austria – per essere subito anche noi, con un governo di legislatura, in prima fila nel processo di rilancio dell'Europa. Quel che è certo è che una parte del parlamento ha – del tutto legittimamente, beninteso – preferito evitare la fine anticipata della legislatura, e che è molto difficile giudicare se questa decisione alla fine dei conti sarà stata un bene o un male per la nostra futura capacità d'azione in Europa.

Dopo le elezioni amministrative del giugno 2017 una parte del sistema politico pone con forza la questione delle coalizioni. Se si vuole vincere bisogna fare un'alleanza, dicono i più. Per forza, con una legge elettorale simile a quella dei sindaci non ci sono alternative. Ma non sono le alleanze o le non alleanze a fare la differenza. Alle amministrative del 2017, infatti, sia vincitori che sconfitti hanno costruito coalizioni. Quelli che dicono "ci vuole il centrosinistra largo" – con la stessa logica con cui costruirono l'Unione nel 2006, mettendosi tutti insieme contro Berlusconi e litigando dal giorno dopo –, dimenticano che nelle città in cui si è perso, da Genova a Piacenza, il centrosinistra era largo, molto largo.

Bisognerebbe abituarci a non considerare le amministrative come un voto nazionale. Giusto per fare un esempio: nel 2014, il momento del risultato più alto di sempre per il Pd (41% dei voti alle europee), il nostro partito perde al ballottaggio la sfida di Padova. Nello stesso giorno, oltre 45.000 persone votano il Pd alle europee, mentre solo in 26.000 mettono la croce sullo stesso simbolo nel voto amministrativo. Cosa significa questo? È presto detto. Si tratta di due voti completamente diversi.

Nel 2017 a Padova – che nel frattempo è andata al voto anticipato per le difficoltà dell'ex sindaco leghista – vinciamo. Eppure non è che possiamo essere entusiasti sul piano del dibattito nazionale. A Padova ha vinto il sindaco Giordani, non i leader nazionali. E questo vale, a parti inverse, dove si perde.

In realtà la questione delle amministrative – una volta di più – è stata presa come ulteriore elemento di dibattito autoreferenziale per non parlare dei veri temi che interessano agli italiani.

Non è facile convincere i professionisti dell'informazione sulla necessità di valutare bene le vere priorità. Non tocca a noi naturalmente giudicare il lavoro dei giornalisti: un politico può solo difendere un giornalista, per definizione. Un giornalista infatti concorre alla difesa della democrazia e chi fa politica non può che inchinarsi davanti a questa vocazione. Occorrerebbero, tuttavia, una verifica e un'analisi di coscienza seria anche da parte dei media.

Difendo la libertà della stampa, qui e altrove. Trasecolo davanti al presidente degli Stati Uniti che aggredisce un giornalista della Cnn. Sono stato l'unico capo di governo a esprimermi pubblicamente in favore dei giornalisti turchi arrestati e mi è stato riconosciuto dagli stessi interessati. Ho espresso il mio stupore quando alcuni funzionari pagati dal Movimento 5 Stelle hanno pedinato e provato a intimorire l'allora direttore del *Tg1*, Mario Orfeo. Dunque il mio curriculum parla per me: sono stato, sono e sarò sempre dalla parte della stampa, contro qualsiasi minaccia o polemica.

Stare dalla parte della stampa non può, tuttavia, voler dire nascondersi che su alcuni temi occorrerebbe un po' più di rispetto da parte di tutti. E non mi riferisco solo alle questioni giudiziarie. Metto in fila una serie di cose accadute in questi ultimi mesi. La trasmissione tv forse più seguita dai giovani che manda in onda un discutibile servizio su presunti casi di suicidio rischiando di far passare un messaggio devastante per gli adolescenti. Il talk che viene mandato in onda in prima serata dove l'inviato speciale, durante la pubblicità, invita la piazza da cui è collegato a "massacrare" il politico. Una firma storica del giornalismo italiano a cui viene modificato il testo di un'intervista dalla redazione di un noto settimanale, solo per fare un titolo più a effetto, che faccia parlare. Ci sarebbe molto su cui discutere.

E mentre rifletto su questi temi scorgo un'intervista di mia nonna al "Corriere della Sera": nei giorni caldi della pubblicazione delle intercettazioni su mio padre, l'esperta da coinvolgere pare che sia la mia meravigliosa nonna, Anna Maria Pandolfi, ottantasette anni, che viene colta di sorpresa da una giornalista del più venduto quotidiano italiano il quale le domanda di tutto, dall'immigrazione alla mia capacità di fare i compiti quando ero piccolo. Sono soddisfazioni.

Sul quotidiano che leggo da sempre trovo due pagine quasi affiancate: un'intervista al professor Fukuyama della Stanford University sulla fine "della storia" e sulla situazione geopolitica internazionale e – leggermente più visibile – un'intervista a mia nonna preoccupata dagli sbarchi dei migranti e dai litigi tra suo figlio e suo nipote.

Capite perché non ne posso più del mondo degli "addetti ai lavori", politici, giornalisti, eccetera eccetera? Nei prossimi mesi salirò su un treno dedicato e girerò le centodieci province d'Italia. Mi fermerò nelle stazioni secondarie per discutere con studenti, pensionati, lavoratori, associazioni, artigiani, agricoltori, imprenditori. Per stare in mezzo ai cittadini. Perché – lo confesso – sono totalmente allergico alle liturgie della politica romana. Non è cattiveria o mancanza di buona volontà: è che proprio non mi riesce. Incontrare le persone, scrivere il programma insieme, condividerne le difficoltà e valorizzarne i successi: questo sarà il nostro viaggio, e non vedo l'ora di cominciare.

Perché la sfida più vera, per noi, oggi, è quella di fare le riforme *con* il popolo, non più semplicemente *per* il popolo. Solo così l'Italia potrà andare davvero avanti.

Quello di cui abbiamo bisogno è portare il Pd di più in mezzo alla gente. E far sì che i cittadini si avvicinino alla politica dalla parte dei contenuti, non dalla parte degli slogan. Voglio ascoltare, certo. Ma abbiamo anche molto da raccontare. Vogliamo costruire insieme il programma, ma senza trasformare questo viaggio in una semplice campagna d'ascolto. Abbiamo un sacco di cose da dire e da condividere. E ho la stessa voglia di partire che mi accompagnava quando – scout della branca Rover/Scolte – preparavo lo zaino rileggendo puntualmente prima di ogni route una poesia bellissima di Eugenio Montale, *Prima del viaggio*, che inizia così: "Prima del viaggio si scrutano gli orari, / le coincidenze, le soste, le pernottazioni / e le prenotazioni" e finisce con: "E ora, che ne sarà / del mio viaggio? / Troppo accuratamente l'ho studiato / senza saperne nulla. Un imprevisto / è la sola speranza. Ma mi dicono / che è una stoltezza dirselo".

Un imprevisto è la sola speranza. E l'imprevisto sono i rapporti umani.

Questa è la vera grande ricchezza del fare politica.

Il momento più intenso, a livello emotivo, dei mille giorni è stato il 26 maggio 2014, il giorno dopo le elezioni europee del 2014. Ma non per la ragione che tutti possono immaginare. Certo, nessun partito in Italia aveva mai superato il 40% dei voti dai tempi della Democrazia cristiana di Amintore Fanfani, nel 1958: una grande responsabilità, segno di un consenso diffuso, difficile da replicare ma tutto sommato simile – anche geograficamente – a quello che avremmo riscosso in occasione del referendum.

Ma l'emozione di quel giorno deriva da un'altra vicenda, totalmente diversa.

In quel periodo, insieme all'autorità delegata ai servizi segreti, Marco Minniti, e ai dirigenti dell'intelligence, sto seguendo personalmente il recupero di un cooperante italiano che da mesi è nelle mani degli estremisti islamici. Abbiamo segnali poco chiari su quello che sta per accadere con la formazione del sedicente Stato islamico. Le truppe irachene controllano ancora Mosul, ma di lì a qualche settimana subiranno una catastrofica sconfitta. Quanti civili in fuga, quante donne violentate, quanti uomini uccisi, quante vite spezzate!

Ma prima di tutto questo, riusciamo a recuperare Federico Motka, con la consueta straordinaria gestione dell'emergenza da parte dell'unità di crisi della Farnesina. In questo genere di situazioni l'Italia eccelle per la professionalità di chi si occupa del supporto psicologico al rapito, dei rapporti con la famiglia, del recupero, della collaborazione con le agenzie d'intelligence di tutto il mondo. Si tratta, tuttavia, di un tema molto spinoso, anche nel rapporto con i nostri partner internazionali: Germania e Italia hanno una maggiore flessibilità rispetto a Gran Bretagna e Stati Uniti nella trattativa con i sequestratori, per questo le nostre iniziative possono generare tensioni con i paesi amici. Ma certe iniziative salvano vite e, a volte, non solo quelle dei rapiti.

La comunicazione della liberazione alla famiglia, una volta sicuri al cento per cento della riuscita dell'operazione, tocca a me. Marco Minniti mi dà il segnale convenuto. Alzo la cornetta e chiamo la mamma di Federico. È la prima volta che la sento di persona, ma i ragazzi dell'unità di crisi e del team dell'Agenzia per i servizi esterni le sono stati accanto quotidianamente, così come hanno fatto con le altre famiglie nelle stesse condizioni. Sono quasi le venti.

"Signora, sono Matteo Renzi. Le posso dare finalmente la notizia che aspetta da un anno: Federico in questo momento è libero. È su un nostro aereo. Lo stiamo riportando in Italia. Veniamo a prenderla, tra qualche ora lei potrà riabbracciarlo." Non riuscirò mai, dico mai, a restituire l'emozione di una donna a cui viene ridato il proprio figlio.

Fare politica consente un solo lusso, un unico e gigantesco lusso: quello di vivere emozioni e rapporti umani inesprimibili. Di quel 26 maggio 2014, molto più dello strepitoso risultato elettorale ricordo il grido soffocato della mamma di Federico. Lo sento ancora risuonare. Come sento ancora i singhiozzi e i silenzi delle madri che non hanno avuto la possibilità di riabbracciare i loro figli. Penso a quelle che poi sono state chiamate "mamme Erasmus", che hanno ricevuto una telefonata tremenda, dopo che le loro giovanissime figlie erano rimaste uccise in un incidente stradale spaventoso all'altezza di Tarragona. Ero insieme a loro a Barcellona, ad aspettare le salme. Puoi solo stare in silenzio, accanto al dolore di un altro. Accanto a persone che non avevi mai incontrato e che non incontrerai mai più, ma per cui oggi sei lo stato. Uno stato che si fa prossimo alle famiglie, che fa sentire la propria compassione, la propria capacità di soffrire insieme.

Questa è la dimensione umana della politica. Per me fa la differenza. Mi spinge a impegnarmi, muovermi, lavorare. Qualcuno pensa che dovrei calmarmi un po', magari fermarmi. Ma il problema non è se sto fermo io. Il problema è se sta fermo il paese. L'Italia non può stare ferma. Nessun italiano (o quasi) vuole restare fermo. Solo i politici – non tutti per fortuna – hanno interesse a lasciare il più possibile le cose come stanno. Solo quelli che si godono le rendite di posizione preferiscono che l'Italia resti com'è. Chi vuole correre avanti, chi non si accontenta, chi ha bisogno di migliorare la sua situazione finisce ostaggio di questi interessi. Io dico no.

Per questo, anche per questo, ho scritto questo libro. Per invitare, coinvolgere, entusiasmare. Perché ho capito di essere depositario dei sogni di una parte degli italiani – e non per quello che sono io, ma per una serie di circostanze. Perché penso che un politico abbia il dovere di andare oltre i 140 caratteri di un tweet per esprimere compiutamente le proprie idee. Perché sono convinto che, anche senza violare le regole deontologiche, chi ha svolto un servizio per le istituzioni debba essere trasparente e sviscerare punto per punto gli argomenti che hanno segnato la sua esperienza o – più banalmente – rispondere alle critiche che gli sono state rivolte.

Quello che soprattutto vorrei condividere è l'unicità dell'avventura vissuta con il gruppo di persone con cui ho lavorato negli ultimi anni. Siamo lontani anni luce dai circoli autoreferenziali, dai salotti aristocratici, dai poteri forti (che spesso sono tali solo nelle definizioni). Siamo persone semplici, senza vitalizio ma con grande vitalità. Quando leggo di alcuni colleghi che avrebbero fratelli assunti con lauti stipendi in società pubbliche, mi inorgoglisco pensando a mio fratello Samuele, che si è laureato in Medicina con il massimo dei voti e ha deciso di andarsene da Firenze, prima, e dall'Italia, poi, per non essere considerato "il fratello di". Oggi lavora in Canada, come oncologo pediatrico, senza che nessuno possa dirgli nulla. Si è costruito tutto da solo. Non ha avuto mai una mano da parte mia. E hanno ragione i miei genitori quando dicono che è lui, Samuele, il figlio di cui vanno orgogliosi.

Hanno detto che sono l'uomo delle lobby, io che sono un boy-scout di provincia... Ancora oggi mi domando come faccia la gente a volermi ancora bene nonostante i vergognosi talk show che da tre anni dipingono di me un'immagine che alla fine non sopporto nemmeno io.

Mi dicono in tanti: Matteo, fai vedere che sei diverso da come appari. Diglielo che vuoi cambiare il tuo carattere. Ma a me non interessano le apparenze, non voglio improvvisamente giocare a fare quello simpatico, cercare di lanciare un'operazione di immagine.

Le falsità allucinanti che ti piovono addosso quando sei fuori da tutto sono come le lodi sperticate di cui ti ricoprono quando sei al potere: non tolgono e non aggiungono nulla alla verità della tua persona, alla verità di ciò che sei. Ho pestato tanti piedi, troppi piedi per non immaginarmi che avrebbero fatto di tutto per farmela pagare. Ma ho la libertà di guardare al futuro senza padrini e senza padroni. Anzi. C'è una parola che pochi utilizzano in politica. È la parola "riconoscenza". Quelli bravi, quelli esperti, quelli di lungo corso te la spiegano con facilità: la riconoscenza è un valore che non ti devi aspettare quando ti impegni in politica. Cancella dalla mente che qualcuno ti dica grazie per avergli offerto qualche incarico di responsabilità. Nessun politico ti ringrazierà di quello che hai fatto per lui: penserà sempre che tutto ciò che ha avuto sia stato solo merito suo. Ho sempre giudicato barbaro questo concetto. Gli obiettivi si raggiungono insieme. E quando qualche volta mi è capitato di scegliere una persona, anziché un'altra, mi sono guadagnato l'odio perpetuo dell'escluso, ma difficilmente la gratitudine di chi ho proposto.

Dai massimi vertici di Bruxelles agli assessori comunali di piccoli paesini, mi è capitato talvolta di selezionare talenti. Mi è successo di fare scelte che hanno segnato il destino personale di numerosi politici. I tanti che mi accusano di aver scelto le persone in base al requisito della lealtà personale dovrebbero riconoscere che sono invece frequenti i casi in cui coloro che abbiamo scelto, nei momenti di difficoltà, ci sono poi stati tutt'altro che vicini.

Bene – cioè, veramente è un peccato, ma è la vita. L'importante è che facciano bene, non che ringrazino. Mi auguro che siano felici e che si comportino rettamente seguendo sempre ciò che serve all'interesse pubblico, non ciò che conta per la loro carriera. Non provo verso di loro nessun sentimento di rancore, nessun desiderio di rivincita. Sono un uomo felice, forte e fortunato. Ho ricevuto più di quello che ho dato e sono sempre dell'idea che si debba ringraziare per quel che si è avuto, non vivere di bronci e di rimpianti.

Quando persone che hanno fatto parte della meravigliosa esperienza dei mille giorni – dopo aver condiviso tutto, anche i dettagli – prendono le distanze da ciò che abbiamo fatto insieme, non stanno facendo del male a me, ma a loro, alla loro credibilità, alla loro coerenza, alla loro affidabilità per il futuro.

Più che la riconoscenza mi interessa il riconoscimento di ciò che abbiamo fatto: che si prenda atto che qualcosa è cambiato. Il fatto che uno come me – senza dover render conto a nessuno se non ai propri sostenitori, commoventi nella loro tenacia – sia arrivato alla guida del paese dimostra che l'Italia è la terra dove tutto è possibile.

Ai ragazzi che incontravo da presidente del Consiglio in carica ho ripetuto più volte: "Se ce l'ho fatta io, ce la può fare chiunque di voi". Loro si mettevano a ridere. Ma io ero serio. E lo sono tuttora: se il paese più istituzionalmente gerontocratico si permette di dare le chiavi del palazzo per tre anni a un under-40 venuto dal nulla significa che tutto è veramente possibile. Bisogna crederci, però. Avere l'ardire di provarci. Non lasciare che i professionisti del "si è sempre fatto così" abbiano ancora la meglio. Tutto può cambiare, io ci credo ancora. Anzi, dopo quello che ho visto, ci credo ancora di più.

Non ci interessa cambiare l'immagine per gratificare il nostro ego. Noi vogliamo cambiare l'Italia per i nostri figli.

E questa Italia la cambieremo. Andando avanti, insieme.

Indice

13 Una storia strana

19 1. Ieri

49 2. I mille giorni

119 3. A testa alta nel mondo

169 4. Il futuro della sinistra

209 5. Domani